EN DÉPOT chez STRAUSS, 5, rue du Croissant, PARIS

LA VIE

AU

CAFÉ-CONCERT

ÉTUDES DE MŒURS

PAR

OUVRARD

De la SCALA

PARIS

IMPRIMERIE PAUL SCHMIDT

20, rue du Dragon, 20

—

1894

A mon ami Chiffonny

I

AUTREFOIS-AUJOURD'HUI

AUTREFOIS-AUJOURD'HUI

C'était par une matinée du mois de mai. Les Champs-Élysées commençaient à avoir la visite de nombreux promeneurs, et les concerts du centre voyaient chaque jour baisser leur recette; la chaleur, attendue par les uns, redoutée par les autres, venait de faire son apparition.

Buret passait sur le boulevard de Strasbourg. Je fis sa rencontre à la hauteur de la rue du Château-d'Eau, et nous nous mîmes à causer chasse, car Buret, vous l'ignoriez peut-être, est un fervent disciple de saint Hubert.

Bref, après avoir fait l'énumération des perdreaux, des lièvres et des lapins qu'il avait occis pendant la dernière saison, il me dit tout à coup, et comme pour donner suite à ses goûts champêtres :

« Ah! que je voudrais vivre à la campagne, bien tranquille, loin du bruit des ritournelles, des coups de grosse caisse et des refrains plus ou moins populaires...

« Là, seulement, je pourrais m'imaginer que je m'appartiens un peu et, tout à mon aise, songer parfois aux nombreux événements qui se sont produits depuis quelques années au café-concert. »

. . . .

. . . .

Tout en causant, nous étions arrivés près de la gare de l'Est et, sur l'invitation de Buret, nous entrâmes dans un café d'où nous ne devions sortir que trois heures plus tard.

Buret était, ce jour-là, inquiet et soucieux, et pris d'une certaine fièvre, il se mit, avec une volubilité inaccoutumée à me débiter des choses ressenties par lui depuis longtemps et dont je ne dus la confidence qu'à ce moment de réelle expansion.

« Vois-tu, me dit-il, en buvant la première gorgée d'un *amer curaçao*, la vie au concert n'a rien de commun avec ce qu'elle était autrefois. Quand je dis autrefois... je parle seulement d'hier. Je parle d'un temps tout proche, de cette époque où les artistes formaient une sorte de franc-maçonnerie, où tous se connaissaient, se respectaient, s'estimaient, et où le public lui-même avait pour l'artiste une considération qui n'existe plus aujourd'hui.

« Non, il n'y a plus aujourd'hui de considération pour l'artiste; ce dernier ne provoque que deux sentiments : l'engouement ou l'indifférence.

« Sans considérer un artiste, on l'applaudit, on l'acclame, on le porte en triomphe à la condition qu'il soit *l'artiste à la mode*, qu'il soit le dernier mot du moment; alors la réclame va son train, les spectateurs se dérangent pour lui, les recettes s'en ressentent, bref, c'est l'idole! mais une idole *non considérée* malgré les bravos d'un auditoire superficiellement en délire ; il ne faudrait pas que l'étoile en question se permette de se produire un seul soir sans la possession de tous ses moyens, car ce public d'adulateurs serait immédiatement transformé en tigres.

« Donc, pour le public, l'artiste de concert n'est plus qu'un jouet, qu'un pantin, qu'un objet de fantaisie. Telle une enfant qui se lasse d'une poupée encore neuve, de même un artiste — choyé la veille — peut quelquefois, sans cause logique, être mis au rebut le lendemain.

« La marche actuelle des choses de concert est appelée à faire naître de subites espérances, mais aussi d'amères désillusions.

« L'artiste qui s'imagine être lancé, l'est-il pour longtemps ?...

« Je ne le crois pas. Le goût du public est maintenant trop versatil.

« Autrefois, pour plaire au public, ou tout au

AUTREFOIS
DARCIER
THÉRÈSA
GRAINDOR
JUDIC
ELDORADO
PACRA
PAULUS
FUSIER
DUCASTEL
VICTORIN
GAILLARD
RIVIERE
BONNAIRE
CAYNON
DUPARC
JUANA
MAZEDIER
ELDORADO
Rougeron. Vignerot. sc

moins, pour être pris au sérieux, il fallait qu'un artiste soit absolument connu, qu'il ait prouvé en maintes circonstances la possession d'une réelle valeur. — Ah! dame, la réputation était longue et dure à venir, il y avait de nombreux obstacles à franchir et c'était avec raison qu'on pouvait envier la vedette.

« Cette vedette était une timbale peu facile à décrocher et les camarades qui la possédaient étaient regardés avec une légitime admiration; le public lui-même ayant contribué à la réussite de l'artiste avait à cœur de ne pas se dédire pour un rien — et c'est ainsi que nous avons vu briller pendant de longues années les noms de Thérèsa, Bonnaire, Amiati, Duparc, Maria Rivière, Caynon, Demay, — puis le fameux gommeux Libert resté célèbre à la suite de son inoubliable création de : *l'Amant d'Amanda*, Arnaud, Perrin, Plessis, Paulus!

« Ce dernier doit tenir la plus large place dans les annales du concert.

« Voix sonore, articulation mordante, geste

adroit, physionomie bien éclairée ; le tout couronné d'un tempérament exceptionnel.

« Paulus a fait de véritables tours de forces,

pas un autre chanteur n'aurait pu se permettre de faire ce qu'il a fait, voire même un chanteur d'opéra !

« La musique classique étant réglée de tout

autre façon que celle du café-concert, je crois sincèrement que les poumons d'un ténor pouvant chanter la Juive, se seraient très mal accommodés de *La Chaussée Clignancourt* venant par exemple après *Un tour de valse* ou *Derrière l'Omnibus*. Et je suis convaincu qu'à la deuxième chanson, le pauvre ténor baigné de sueur et soufflant comme un phoque aurait demandé grâce.

« Tandis que pour Paulus, c'était un jeu et certains soirs il a chanté ainsi dix-huit ou vingt chansons.

« Paulus a fait de l'acrobatie musicale, mais une acrobatie unique et personnelle à laquelle nul autre n'a pu approcher.

« Paulus, lorsqu'il a pris son genre nouveau a bouleversé toutes les traditions et le concert a subi, en moins de six mois, une transformation complète ; il a fallu du mouvement, toujours du mouvement... Les comiques *en dedans* ou les goutteux ont fait alors un rude nez ! Le public écoutait la voix mais regardait les jambes.

« Ajoutons que Paulus, tout en agissant dans son intérêt personnel a fait le plus grand bien à sa corporation. C'est lui qui, le premier, a gagné, *à Paris*, de gros appointements, et il a mis le concert en relief en faisant venir à lui un public qui s'était abstenu jusqu'alors de franchir le seuil de nos établissements lyriques.

« Il a modernisé la chansonnette et s'est surtout popularisé avec la chanson du (général Boulanger) cela sans faire du boulangisme, par un pur hasard, car le hasard lui souriait souvent. Paulus était veinard, très veinard, et cette veine le servait même parfois dans ses défauts. Mais nous devons seulement nous occuper de l'artiste et il serait idiot de ne pas reconnaître toute la puissance que le nom de Paulus avait sur une affiche et cela pendant des années!...

« En conséquence, on peut ne pas fréquenter l'homme, on peut ne pas être d'humeur à supporter les bizarreries de son caractère, mais cela n'est pas une raison pour en arriver à oublier que ses succès se comptent par centaines

BA-TA-CLAN
SCALA

et que jamais succès au concert n'ont été plus mérités que ceux qu'il a remportés pendant sa longue et éclatante carrière.

« A l'heure actuelle, il peut, semblable à Plessis dire encore : « C'est pas fini!... »

« Je ne sais pas ce que l'avenir tient en réserve, mais jusqu'à présent, il n'y a eu qu'un Paulus.

« Il n'y a eu également qu'une série de *véritables créateurs* dans le genre de ceux dont j'ai cité les noms. Ces artistes *étaient eux*. Mais avant de boire dans leur verre, avant de motiver l'engouement du public, ils avaient mis tout le temps voulu pour le justifier et on n'avait pas le droit de les traiter de veinards, les galons qu'ils possédaient, ils les avaient bien gagnés; de là cette louable habitude de l'ancien Eldorado (direction Renard) de placer les artistes par rang d'ancienneté (le dernier arrivé prenait la dernière place sur l'affiche).

« Dieu que les choses sont changées! Aujourd'hui, c'est presque une faute grave que d'être connu; pour avoir une valeur entière, avec la mode actuelle, il faut briller sans être *arrivé*, avoir de l'acquis sans s'être produit, avoir du talent sans l'avoir fait savoir, en un mot s'intituler phénomène et se montrer comme une surprise! Le public n'aime plus que l'inconnu et ce qui était autrefois un avantage pour l'artiste devient aujourd'hui une chose presque redoutable; il aurait tort de compter sur sa réputation, de se reposer sur ses lauriers, car le courant des choses est là. Demain surviendra un nouveau. Aura-t-il du talent? peu importe! il sera nouveau, on ira le voir, et pour peu qu'il ait la dixième partie du mérite de ses camarades anciens, il faudra s'écarter et lui faire place. C'est lui, dans la troupe qui sera le premier. Il est nouveau!...

« Il est alors facile de comprendre combien cette antithèse des choses logiques peut amener la naissance de susceptibilités froissées. Car s'il est convenu, pour le public, que le fait d'être nouveau fasse prime, cette qualité n'est pas toujours suffisante aux yeux des artistes réels qui se révoltent à l'idée de céder leur place à des gens dont souvent la chance remplace le talent.

« Mais voilà assez de récriminations à l'adresse du public. Est-ce lui le véritable coupable? Je ne le crois pas. Car, en somme, le public est ce qu'on le fait, soit avec le choix du répertoire, soit avec l'allure donnée par messieurs les directeurs.

« Oui, ce sont les directeurs qui, le plus souvent, imposent au public leurs pures fantaisies.

« Exemple : Nous avons à Paris une direction qui tient entre ses mains trois des principaux établissements. Or, sur un simple caprice du directeur ou de la directrice, il n'est pas rare d'assister à la fabrication spontanée d'une étoile.

« La direction s'égarant un soir dans un concert de quartier excentrique trouve un chanteur à son goût. V'lan! le lendemain, la constitution de l'étoile commence.

« Il faut pour cela une solution ainsi composée :

« Une forte collection de lithographies.

« De nombreuses notes envoyées aux journaux.

« L'appel de gaz au coin du boulevard et surtout... surtout l'*effacement* de tous les autres artistes de la maison. C'est charmant!...

« Te souviens-tu de Toto?... pendant deux ans, il a tenu une des premières places dans l'un des premiers concerts. Est-ce le public qui l'avait demandé? Pas du tout! Le public avait à le subir, voilà tout!

« Cependant cet artiste avait au programme la meilleure place. Jouissant de toutes les faveurs tout comme s'il avait eu du talent, il a pendant deux années goûté les honneurs dus à l'étoile et cela même avec exagération; lorsque M. Toto avait une scène à répéter avec l'orchestre tout le monde devait s'éclipser. *Défense*

AUJOURD'HUI
YVETTE
SCALA

expresse de rester dans la salle. Les autres pensionnaires étaient expulsés comme des intrus. Ils auraient pu troubler le grand artiste!... (on n'en fit jamais autant pour Frédéric Lemaître). N'est-ce pas pitoyable! N'est-ce pas malheureux pour l'artiste même d'avoir au courant de sa carrière une auréole d'aussi courte durée!...

« Comme je te l'ai dit au début de ma conversation, la mode actuelle est appelée à faire naître de nombreuses désillusions, car de ce règne passager, il en reste toujours quelque chose dans l'idée de celui qui en a joui un instant, il en conserve le goût et l'espoir de reboire encore à ce calice envié; des situations qui auraient pu autrefois lui paraître acceptables, deviennent maintenant inadmissibles, il ne veut plus lui, la vedette parisienne, lui qui a encore ses poches bourrées de programmes rappelant la situation perdue, il ne veut plus accepter un emploi inférieur et des appointements modiques, il ne s'abaissera pas au rang des *ordinaires* après avoir regardé du haut de sa grandeur les artistes qui font encore partie du grand concert d'où il a été congédié. Oh! c'est bien entendu, il ne peut se décider à faire un aussi gigantesque pas de recul. Il attendra que la veine lui vienne en aide une deuxième fois. Mais hélas! les grosses directions sont rares, et les aubaines qui se produisent dans la trinité des établissements dont nous parlions plus haut, ne peuvent à Paris se reproduire nulle autre part.

« Or, semblable au héron de la fable, l'artiste refuse un engagement, puis deux, puis trois; pendant ce temps, les économies diminuent et l'*ancienne étoile d'un jour*, se trouve un matin aux prises avec le besoin et bien contente d'avoir alors un engagement ordinaire à sa disposition. . . . .

. . . .

« Ah! mon cher ami, que je voudrais pouvoir crier à tous ceux qui jouissent de la vogue, à toutes les étoiles présentes et futures : « Ca-

« marades, vous êtes à la mode soit grâce au « public, soit grâce à la grosse direction. Eh ! « bien, profitez-en. Dépêchez-vous et faites des « économies. Cependant, comme votre gloire « peut s'éteindre avant que les économies soient « suffisantes pour vous permettre de vous « retirer de la scène, songez à tout instant, « même au plus fort moment de cette gloire, « que s'il fallait par la suite reprendre une « place plus modeste, vous le feriez sans trop « de difficulté. »

« Et que diable, après avoir gagné, avec un bon numéro, un lot de cent mille francs, il ne faut pas par cela même avoir l'espoir de gagner à toutes les loteries...

« Souvenez-vous qu'en ce moment la réputation d'un artiste tient à un rien et pour se constituer et pour se détruire.

« A Paris, elle tient surtout aux fantaisies de la grande direction; celle qui fait du bon public exactement ce qu'elle veut.

« Combien voyez-vous d'artistes n'ayant pas

de situation et possédant cependant tout ce qu'il faut pour contenter les plus difficiles. Le public les reverrait certainement avec plaisir, mais si pour faire une omelette il faut des œufs... il faut pour le talent du chanteur une scène pour le produire.

« Je ne citerai qu'un exemple : notre excellent camarade Stainville — l'artiste fantaisiste toujours à la recherche de la note convenable et amusante. — A la suite d'un certain malentendu, il a disparu des concerts d'hiver.

« Heureusement pour lui, les salons lui étaient ouverts, il y a goûté des satisfactions d'un ordre plus élevé que celles qu'on peut avoir au concert et gagne souvent en une soirée les appointements qu'il aurait perçus dans une quinzaine. Il n'a donc rien perdu en perdant le concert (qui le réclamera un jour), mais Stainville est une exception — comme pouvait l'être Fusier — et tous ceux qui disparaissent des scènes parisiennes ne peuvent le lendemain retrouver dans les salons les satisfactions perdues la veille.

« J'en arrive à conclure qu'il n'existe plus à Paris de situation solide pour n'importe quel artiste de concert parce que tout dépend de la grrrrande direction et la grrrrande direction est parfois bien capricieuse. »

. . . .

. . . .

Buret en était là de son discours, lorsque consultant ma montre, je m'aperçus qu'il était midi et demi. Je lui dis : « Mon vieux, il est temps d'aller déjeuner, ma côtelette quotidienne doit être sur la table depuis midi. Viens-tu avec moi?... nous reprendrons plus tard notre conversation.

« En attendant, je suis absolument de ton avis pour tout ce que tu viens de me dire, mais je crois que notre avis et celui de bien d'autres ne changera rien à la situation. »

Alors tout en réglant le garçon, tout en cherchant sa canne et son chapeau, mon vieux camarade fredonna ce refrain :

Y avait un' fois une artiste
Qu'on app'lait mam'zelle *Yva*
Adoré' d'un journaliste
Or un jour il arriva
Qu' son nom fut mis en vedette.
    Ça tourna la tête,
    Ça tourna la tête,
Du bon public parisien
Qui trouva cela fort bien
    Et dit : quel chien !
Qu'elle est donc bien !

. . . .

Ceci vous prouv' mes p'tits enfants
Que ce n'est plus la pein' vraiment
    D' travailler vingt ans !
Certains directeurs à présent
En huit jours, vous donn'nt du talent,
    Une réputation
    A la condition
Que vous leur fassiez... (voilà la question)
    Gagner beaucoup d' pognon !

II

LES DIRECTEURS DE CAFÉ-CONCERT

LES DIRECTEURS DE CAFÉ-CONCERT

Il en existe quatre catégories :

1° Les directeurs artistiques;

2° Les directeurs commerçants;

3° Les marchands d'eau chaude;

4° Les directeurs intermittents.

A tout seigneur tout honneur. Commençons d'abord par les

Directeurs Artistiques

Un des modèles du genre était M. Paul Renard. Pendant plus de vingt ans, à la tête de (l'ancien Eldorado), que les artistes se plaisaient à appeler la *Comédie-Française du Café-Concert*, M. Renard a donné mille preuves de son tact et de son intelligence directoriale. Chez lui, rien que des artistes, une vraie phalange de gens de talent. C'est pour cela que pendant des années, il suffisait de dire, pour conclure de la valeur de l'un d'eux : *Il est de l'Eldorado !*

Ce directeur pensait évidemment à ses affaires ; il lui était certainement agréable de réaliser de gros bénéfices, mais la question artistique tenait la première place de son programme.

Il était le véritable censeur des œuvres interprétées chez lui, et possédait un réel discernement pour savoir attribuer à chacun de ses pensionnaires, les chansons ou les rôles convenant à leur nature.

De plus (chose rare) il savait traiter ses pensionnaires comme des *artistes* et non comme des manœuvres. La délicatesse de ses sentiments lui permettait d'éviter les moindres petites choses appelées à blesser la susceptibilité. Et s'il rendait parfois un service à l'un de ses artistes, il ne souffrait pas que ses artistes lui en rendent sans rétribution.

On cite mille exemples de sa générosité : chaque fois qu'un artiste reprenait un rôle au *pied levé* ou se rendait utile pour une cause quelconque.

M. Renard estimait son entourage et dès qu'on faisait partie de sa troupe, c'est qu'il vous avait jugé digne de sa considération.

Aussi tous ses pensionnaires l'aimaient et c'est à qui cherchait à lui donner des preuves de dévouement.

En perdant Paul Renard, le concert a perdu l'un de ses plus sympathiques impresarios.

. . . .

. . . .

Le genre (Eldorado) se retrouve aujourd'hui à l'Eden-Concert, boulevard Sébastopol, dont la directrice, Mme Saint-Ange, a su faire un établissement de premier ordre, en y créant les *Vendredis classiques*, ce qui lui a valu les palmes académiques et les félicitations de toute la presse parisienne. Il serait donc superflu de revenir sur une chose que tout le monde connaît. Mais en dehors de l'idée remarquable que Mme Saint-Ange a eue pour ses soirées classiques si merveilleusement organisées par M. Baillet, elle a su également composer une troupe de choix.

Je m'en rapporte à l'article qui me tombe à l'instant sous la main. Cet article signé de Francisque Sarcey dans le feuilleton du *Temps*, est daté du 15 janvier 1894.

« La troupe de l'Eden-Concert est supérieure en son ensemble. Je n'en sais pas à Paris qui lui puisse être égalée » . . . .

. . . .

Ce n'est du reste pas la première fois que ce prince de la presse adresse de chaleureux éloges à la direction et aux artistes de cet établissement.

L'Eden-Concert est donc à Paris la seule maison pouvant se comparer à l'Eldorado ancien, le vrai!

Directeurs Commerçants

Dans les autres grands concerts, le principal but est de gagner de l'argent. On y arrive très souvent grâce à la beauté des décors, à la richesse des costumes, à la magnificence de l'ensemble. Car pour cela la direction ne se met pas en retard. Elle a, au contraire, de véritables élans de largesse. Ajoutons que les artistes y sont très nombreux et qu'il y en a d'*excellents*.

A part les deux grandes étoiles, il est bon de citer les anciens :

Perrin, Bourgès et Libert qui tiennent bien leur bout, je vous le certifie, et parmi les nouveaux, c'est Polin et Mathias qui doivent prendre les premières places. — Que dire de Polin, de l'irrésistible Polin? C'est un comique véritablement comique... (Il y en a tant qui ne le sont pas!)

Avec tous ces éléments, les soirées devraient être intéressantes et cependant on ne s'y amuse pas plus qu'ailleurs, parce que les pièces ne sont pas toujours ce qu'elles devraient être, et tous ces artistes *délicieux*, lorsqu'ils se produisent séparément, forment un ensemble médiocre lorsqu'ils jouent une pièce mauvaise. Et voilà le tort des *directeurs commerçants* qui s'imaginent avoir fait une trouvaille lorsqu'ils ont pour leur affiche un titre de pièce ronflant. La partie de concert est neutralisée, mais le changement de pièce fait parfois encaisser des recettes, et ce dernier détail paraît suffisant.

Marchands d'eau chaude

Le type des marchands d'eau chaude, se rencontre généralement dans les petites villes. C'est avec eux que j'ai eu l'occasion (trop souvent répétée, hélas !) de me trouver aux débuts de ma carrière.

Anciens charpentiers ou cordonniers, ils ont amassé quelques billets de mille et se réveillent un matin avec l'idée de *tenir un café-concert !*... Ah ! c'est du propre !... Figurez-vous un individu ayant eu sous la coupe et cela pendant quinze ou vingt ans, des ouvriers travaillant dix heures par jour, pour gagner quatre ou cinq francs et s'entendant dire par un correspondant, que pour avoir un petit comique très ordinaire, il faut compter mettre au bas mot neuf ou dix francs par jour.

« Dix francs par jour ! s'écrie l'ex-cordonnier. Et qu'est-ce qu'il fera pour gagner tant d'argent?

— Dame, il chantera trois ou quatre chansons, parbleu !...

— Dix francs par jour pour chanter trois ou quatre chansons ! mais c'est honteux ! c'est scandaleux !... Monsieur, j'ai été établi pendant vingt ans, j'ai eu des ouvriers qui travaillaient du matin au soir et... » Et le pauvre agent lyrique appelé pour former la troupe est obligé d'essuyer toutes les litanies de l'ex-cordonnier. Ex-cordonnier, ex-épicier, ex-mastroquet, les litanies ne changent pas.

Il a travaillé pendant vingt ans, jour et nuit, sa femme aussi ; il sait donc ce que c'est que le travail, et s'il a fini par amasser quatre malheureux sous, il ne les a vraiment pas volés. Alors, vous comprenez, c'est dur de s'entendre dire comme ça à brûle-pourpoint, à bout portant, qu'il faudra donner dix francs par jour à un petit chanteur de gaudrioles, pour venir faire quatre ou cinq grimaces et trois ou quatre contorsions ! « Ah ! nom de nom ! gémit-il, dans le temps !... quand j'étais plus jeune... j'en aurais f... chu *toute la journée* des grimaces, moi, pour moins de dix francs!... Enfin, voyons, monsieur le correspondant, vous croyez que je ne pourrai pas avoir un bon comique dans les six ou sept francs? » Le correspondant réfléchit un instant et finit par lui dire: « Attendez, j'ai là, sous la main, un nommé Tombapic, je vais lui demander s'il veut traiter, mais sincèrement, il ne pourra pas venir à moins de huit francs. »

Le marchand d'eau chaude pousse un soupir déchirant, et brusquement se décide, en disant au correspondant:

« Bon Dieu! va pour huit francs! mais j'espère qu'il a de la voix, votre comique, qu'il a des costumes et puis qu'il n'a pas l'air d'une gourde! Je pense qu'à ce prix-là, vous pourrez m'envoyer quelque chose de galbeux.

« Ah! dites donc, il doit savoir jouer la comédie? parce que je veux qu'on joue des petites pièces... Enfin vous devez le connaître... du moment que vous me proposez un lascar de ce calibre... huit francs par jour! .. ça ne doit pas être un cabotin, comme y disent. »

Alors avec un sentiment de fierté, il appelle sa femme.

« Dis-donc, Malvina, je viens de traiter une première affaire pour notre concert. Monsieur va m'engager Tombapic. »

Sa femme le regarde d'un air ahuri.

« Tu n'as pas l'air de comprendre? je te dis Tombapic! Le célèbre Tombapic, quoi! La future étoile de notre troupe! car vous devez comprendre, monsieur le correspondant, que pour les autres, vous ne me ferez jamais arriver à huit francs par jour!

— Qu'est-ce que tu viens de dire, reprend la femme... huit francs par jour? (*pleurant*). Ah! ma pauvre mère est bien vieille, mais elle y voit clair la brave femme! Et elle me disait encore hier soir : « Malvina, ton mari a voulu prendre un café-concert; j'ai senti que c'était votre ruine!... » Je vois maintenant qu'elle a bien raison la pauvre vieille!... »

Et Malvina éclate en sanglots.

Son mari la calme de son mieux et le plus ennuyé c'est notre agent lyrique qui ne sait véritablement plus quelle contenance tenir, surtout lorsqu'il voit Malvina se dégager de l'étreinte de son mari et se diriger vers sa cuisine, levant les bras et les yeux au ciel en répétant : « Huit francs par jour !... huit francs par jour !... »

Un long silence succède au départ de la femme du marchand d'eau chaude... Agacé par la situation, le correspondant prend son chapeau et se dirige vers la porte. L'ex-cordonnier tout piteux le prie d'excuser la petite scène que vient de faire sa femme.

« Que voulez-vous, c'est une bonne ménagère, mais elle n'entend rien à ce qui touche *les arts*, elle est loin d'être comme moi, elle n'a pas les idées larges...

« Revenez demain, monsieur le correspondant, nous nous entendrons pour le restant de la troupe. En attendant, prévenez Tombapic...

mais, je vous en prie, ne dites à personne que j'engage cet artiste à raison de huit francs par jour... on dirait bien que je commence une série de folies ! »

. . . .

. . . .

Lorsqu'il se monte un concert dans une petite ville de province, le correspondant qui réside dans cette petite ville se montre généralement d'une patience angélique pour gagner les bonnes grâces du nouveau directeur et par la suite arriver à ce que la presque totalité des engagements se traite par son intermédiaire.

Notre agent lyrique en sortant de l'établissement se dirige tranquillement vers son logement dont l'une des pièces lui sert d'agence. Il écrit précipitamment un mot à Tombapic, et deux heures plus tard, il lui fait part de la prochaine ouverture de l'établissement en question. L'autre ne veut pas traiter à moins de douze francs. Alors commence pour le correspondant une série de va-et-vient qu'il est impossible de décrire.

Cependant la date d'ouverture du « Caboulot » a été fixée ; il faut maintenant se dépêcher à constituer la troupe ; le temps presse et le pauvre agent déclare tout doucement qu'il ne peut véritablement perdre ses journées à venir chercher des décisions.

Tombapic est maintenant disposé à signer à dix francs par jour, il n'y a donc plus qu'une question de deux francs par jour à débattre.

Le marchand d'eau chaude qui, dès le début, s'est fait à l'idée d'avoir ce comique (pourquoi? il n'en sait rien lui-même) finit par avoir un élan dont il faut lui savoir gré et dit à l'agent lyrique :

« Allons, finissons-en ! Il faut maintenant que j'aille jusqu'au bout. Coupons la poire en deux. Je donnerai à Tombapic une belle pièce de neuf francs par jour. Seulement, n'en parlez pas à ma femme... et comme c'est elle qui tiendra la caisse au comptoir, elle paiera Tombapic à raison de huit francs et moi, je lui donnerai tous les soirs une pièce de vingt sous de *la main à la main.* »

Cette explication vient de mettre le marchand d'eau chaude dans un état lamentable. Il a le visage congestionné et de son mouchoir à carreaux bleus, il s'éponge le front en jetant des coups d'œil furtifs du côté de la porte de la cuisine.

Il a toujours peur de voir arriver sa femme, et que celle-ci puisse lire sur sa physionomie l'étrange expression que vient d'y laisser la décision de ce nouveau sacrifice.

A part le coup de la pièce de *vingt sous* (de la main à la main) ce qui se passe pour l'engagement de Tombapic se reproduit pour tous les autres, aussi bien pour le pianiste que pour les chanteuses. Notre homme a la conviction de faire des sacrifices énormes et par conséquent d'avoir une troupe de choix, une troupe de premier ordre. Lui qui s'était toujours imaginé que les chanteurs se payaient quatre ou cinq francs au plus. S'il les paie le double, c'est naturellement pour avoir tout ce qu'il y a de mieux. Aussi regardez-le aller, venir dans son café, causant à tous ses clients, leur parlant de la très prochaine ouverture de son grand concert et leur détaillant les qualités des artistes de sa troupe qui, selon lui, pourra rivaliser avec celles des premiers concerts de Paris.

Enfin le grand jour approche, notre homme ne sait plus où donner de la tête, et il y a de quoi, car il lui arrive des coups durs sur lesquels il ne comptait guère.

D'abord c'est l'Assistance publique qui vient lui parler des droits qu'elle aura à prélever sur la recette.

Puis vient le tour de l'agent de la Société des auteurs. Ah! par exemple, l'ex-cordonnier devient fou furieux! — Pouvait-il se douter que pour ouvrir un concert il fallût tant d'histoires...

Et voilà que le raisonnement qu'il tenait il y a huit jours à ses clients devient absolument différent.

Il n'est plus question de son grand concert ni de sa troupe d'élite, et ses supplications auprès du représentant des auteurs tendent à prouver qu'il a un établissement *insignifiant*, que sa troupe se compose à peine de trois ou quatre chanteurs; que des concerts comme ça devraient passer inaperçus dans la masse.

Mais, comme tout bon représentant, — celui de la Société ne connaît que la consigne transmise par notre agent général Souchon, — et les lamentations du marchand d'eau chaude le laissent absolument froid. Il se donne cependant la peine de lui expliquer que toutes fois qu'il y a interprétation publique des œuvres déclarées à la Société, il est dû une redevance pour les auteurs, et qu'en essayant de s'y soustraire, le directeur en chef de l'exploitation se met sous le coup d'un procès, qu'il faut considérer d'avance comme perdu pour lui.

Il faut bien que notre ignorant se décide à passer par le chemin qu'il ne peut éviter.

Il n'est cependant pas au bout du rouleau.

Mais on vient de lui porter l'épreuve de sa première affiche et notre impresario improvisé la lit avec une grande attention mêlée d'orgueil :

CONCERT DES DEUX CONILS

Samedi 25 septembre 1893

OUVERTURE

M. TOMBAPIC, comique copurchic.

Mlles BLANCHE VAZIFORT.

DE PARDEUX.

MARIE POURLÉSOTRE.

LE PETIT MURELL, prodige.

Le Piano sera tenu par MONSALO

PRIX DES PLACES :

Premières .... 1 fr.

Secondes.............................. » 60

Le nom du pianiste lui semble bizarre. Il en fait la remarque au correspondant qui lui apprend que ce pianiste est un garçon de grande famille s'appelant Salomon (de son véritable nom) et comme il ne veut pas se faire connaître, il a simplement retourné le nom de Salomon pour en faire Monsalo. Cette explication lui paraît suffisante.

Puis, comme il se montre satisfait de la rédaction de son affiche, l'employé de l'imprimerie le prie de signer le bon à tirer. « *Le Bon à tirer?* reprend-il d'un air méfiant. Ah! c'est que j'en ai assez de la donner, ma signature!... Voilà quinze jours que je ne fais que ça du matin au soir. Enfin... passez-moi votre papier... comment appelez-vous ça? Bon à tirer?... Eh! bien, je vais le signer votre bon à tirer... mais dites à votre patron qu'il ne tire pas avant deux mois... et encore lorsque j'étais dans les cuirs on ne tirait jamais sur moi avant trois mois!... dans le commerce on a régulièrement quatre-vingt-dix jours. »

L'employé a toutes les peines du monde pour ne pas éclater de rire. Cependant il se contraint et finit par expliquer que le *bon à tirer* de l'imprimerie n'a rien de commun avec les traites commerciales. Cette légère gaffe n'émotionne pas le patron. D'ailleurs il a bien d'autres chats à fouetter. C'est demain l'ouverture et l'on donne à sa petite salle le dernier coup de fion.

Notre homme se couche très tard ce soir-là, et le lendemain au point du jour il éveille sa femme en lui disant : « Debout, Malvina! Allons, debout! c'est ce soir... ce soir *ton ouverture!*

— Comment, mon ouverture! ah! tu sais... tu ne vas pas recommencer à me mettre cette responsabilité sur le dos. S'il n'y avait eu que moi pour me mettre à la tête de tous ces saltimbanques, je te jure bien que nous serions encore dans les cuirs, oui, dans la chaussure. *J'ai toujours senti* dans les chaussures plus d'espoir que dans ce que tu appelles les arts.

Tu me fais suer avec tes arts... si seulement c'était des ar...pents de terre!...

— Allons, tais-toi! ne fais pas la bête! Laisse ce genre à Tombapic.

— Ah! oui, le *paillasse*, je pense qu'il n'osera pas ce soir, devant le monde, venir chanter ce que je lui ai entendu répéter hier avec le pianiste.

— Une chanson qu'il a répétée hier?

— Oui, hier... un refrain où il dit tout le temps :

Cochon.....
Cochon.....
Ah! le joli petit cochon.

— Eh! bien, que vois-tu de sale là-dedans?

— Comment ce que je vois de sale?... Eh! bien, mon vieux co...quin, tu n'es pas difficile. Ce que je vois de sale? c'est le cochon, parbleu! Tu ne vas pas me prouver que c'est propre, je suppose. Si c'était propre, ça ne serait plus cochon. »

Après avoir discuté et avoir prononcé à eux

deux le mot « cochon » six ou sept cents fois, le sympathique couple finit par se sortir du lit.

. . . .

Le soir à sept heures tout le monde est à son poste, et pour ne pas prendre de garçon, le marchand d'eau chaude a fait venir d'une campagne voisine les deux nièces de sa femme, deux jeunesses aux cheveux roux, qui s'estiment très heureuses de lâcher la nourriture épaisse de la ferme, pour aller comme elles l'annoncent à leurs compagnes du village, — passer quelque temps auprès de leur oncle Maltourné, directeur d'un grand théâtre où elles espèrent passer de délicieuses soirées.

En quelques mots, leur oncle qui ne veut plus être appelé que *le patron* leur explique à chacune leur attribution.

« Toi, Clara, tu te tiendras à la pompe à bière... Toi, Zizine, tu sais compter mieux que ta tante, tu te mettras au guichet, ta tante restera au comptoir et moi je servirai les clients. J'ai un contrôleur de confiance... heu!.. cependant... j'ouvrirai l'œil!.. »

. . . .

. . . .

Dans une petite ville, l'ouverture d'un établissement ne passe généralement pas inaperçue. Aussi depuis plusieurs jours on parlait beaucoup dans les cafés et au « Cercle de l'Union » de la très prochaine inauguration *du concert des « Deux Conils »*. Chacun commentait les choses à sa manière, mais comme en province la curiosité l'emporte, dès que l'afficheur eut fait son œuvre, les affiches firent la leur et le soir à sept heures et demie, une queue formidable se dessinait devant la façade des « Deux Conils ».

Dès l'ouverture du guichet, la foule se précipite et en moins d'un quart d'heure, la salle est absolument comble. Ceux qui n'ont pu prendre place au spectacle, crient, sifflent, vo-

cifèrent devant la porte et les agents de service ont beaucoup de peine à les faire circuler.

La salle, pas très bien éclairée, est au bout

d'un instant envahie d'une fumée épaisse, un brouillard intense, et bientôt on aura de la peine à distinguer ce qui se passe à quatre pas devant soi. Mlle Pourlésotre profite de ce petit incident pour s'exhiber — car elle n'a pas été favorisée par Dame nature, Mlle Pourlésotre — et son visage n'est vraiment pas fait pour faire oublier la laideur de sa voix. Heureusement pour elle on ne la voit qu'imparfaitement; cet immense nuage de fumée lui sert de voile — mais le rideau lève, la scène fait tirage et la fumée gêne notre pauvre chanteuse qui, prise d'une violente quinte de toux, se voit forcée de quitter la scène.

« Ça commence mal » pense le patron.

« Tant mieux, qu'elle ne soit plus là » pense le public.

C'est Mlle De Pardeux qui lui succède.

Elle est toute menue Mlle De Pardeux, et elle a des airs distingués comme sa petite personne pour justifier ses titres de noblesse.

Elle attaque une gavotte. Hélas! tout est petit en elle, mais la voix l'est encore plus que le reste.

Le public crie : « Plus fort!.. on n'entend pas! » Et un loustic, un viveur, un habitué au truc, qui se trouve près de la scène, dit à la chanteuse : « Ma petite, tu n'as pas assez de voix! vous feriez mieux de venir *deux par deux!* »

Le patron ne s'occupe plus des artistes ; il a bien assez à faire avec la limonade. Au début de la soirée, il était presque beau à voir, gilet blanc, cravate blanche et veston noir. Mais il n'est pas prévoyant, le patron ; il espérait arriver seul à servir tous les spectateurs, il s'aperçut bien vite du contraire. Si bien qu'après dix minutes de courses vertigineuses de la salle au laboratoire et du laboratoire à la salle — la chaleur l'oblige à quitter son veston, puis sa cravate, puis son gilet blanc, et c'est en bras de chemise que le soir de l'inauguration, l'on voit Maltourné servir sa clientèle. Ce buste blanc à tête rouge apparaît tantôt à un bout de la salle, tantôt à l'autre et parfois au milieu ;

il écarte les chaises, les tabourets, pousse des : Boum! terribles à chaque fois qu'on lui fait une commande. Il est emballé, ne voit plus rien et dans ces courses folles se soucie bien peu de savoir si le vacarme effroyable que produit à chaque instant la chute d'un plateau peut gêner l'artiste qui est en scène.

Cependant arrive le tour de Mademoiselle Blanche Vazifort.....

C'est le contraire de sa devancière. Elle a trop de voix, celle-là, ou du moins le timbre est trop dur. La salle n'étant pas grande, les spectateurs ont bientôt le tympan brisé par cet organe cuivré, par ce larynx d'acier que n'a jamais visité la souplesse des sons.

Les consommateurs qui se trouvent immédiatement derrière le pianiste, commencent par se boucher les oreilles, ceux de la seconde rangée en font autant et bientôt ceux de la salle entière avec les coudes à hauteur de l'œil, l'extrémité des doigts ramenée derrière la nuque, prennent l'attitude d'un immense ballet, se disposant à esquisser une danse mauresque.

« Assez! assez! » hurlent plusieurs voix!..

Mlle Vazifort essaie de continuer, mais bientôt c'est la salle entière qui lui crie : « Va-t'en!... va-t'en!... on t'a assez vue!... »

Et l'air pincé, très vexée de cette formidable veste, Mlle Vazifort se décide en haussant plusieurs fois les épaules à aller rejoindre ses infortunées camarades.

Mais, attention! voici venir maintenant le tour de l'étoile, le tour de Tombapic!...

Le patron qui n'a pas encore pu s'occuper de l'effet produit par sa troupe, abandonne un nstant le service pour contempler son artiste favori.

Tombapic apparait en copurchic (comme

l'annonce l'affiche). Les manches de son habit rouge sont un peu larges, par contre le fond de sa culotte de satin noir est trop étroit, et ce dernier détail paralyse un peu les mouvements de l'artiste. — Cependant, il a l'air sûr de lui. — On voit qu'il a déjà « roulé sa bosse » ; il n'en est pas à son premier engagement. Il tient à le démontrer par l'exubérance de ses gestes et la vigueur qu'il met à découper chaque phrase.

Enfin, ça ne va pas trop mal. C'est plus supportable que ce qu'on avait vu depuis le commencement de la soirée. De plus, il est bon d'ajouter que ce genre de public préfère les chanteurs aux chanteuses, et comme celui-ci n'est pas atroce, vous ne serez pas étonné qu'après sa première chanson, Tombapic voie ses efforts récompensés par une salve d'applaudissements.

Il entonne une deuxième chanson qu'il détaille absolument mal et lorsqu'il arrive aux phrases grivoises, il les souligne d'une façon horrible; mais comme à la fin de cette deuxième chanson, il fait une imitation du chemin de fer, puis après l'imitation du chemin de fer encore une imitation d'un feu d'artifice, produisant avec sa bouche le bruit des pétards et des fusées, Tombapic devient l'objet d'une ovation sans fin. Il salue de tous côtés et porte sa main sur son cœur comme pour en maîtriser les battements. C'est un triomphe!... et le « patron » qui peut à peine contenir sa joie, regarde sa femme d'un air de défi! Heureux de ce commencement de preuves en l'honneur de son jugement sur les artistes.

Si Malvina n'a rien compris aux chansons, elle s'est fortement intéressée au feu d'artifice de Tombapic. Aussi, posant précipitamment sur le comptoir la poignée de jetons qu'elle tient dans les mains, elle applaudit à outrance et sourit à son mari en signe d'assentiment.

. . . .

Le public applaudit toujours et crie : « Une autre! une autre!... encore! encore! bis! bis!... »

C'est du délire! Le bonheur de Tombapic est à son comble, car dans les coulisses, il aperçoit toutes les chanteuses que le bruit de ses succès vient d'attirer sur la scène. Tous les « portants » sont pris d'assaut, déjà les décors neufs sont percés de petits trous et chacun de ces petits trous est occupé par un œil avide et jaloux.

Tombapic revient pour la troisième fois. Il ne sait comment remercier le public d'un aussi chaleureux accueil, et le salut traditionnel ne lui semblant pas suffisant, il avance jusqu'au milieu de la scène, puis tenant ses gants de la main gauche, son claque de la main droite, il se met à faire des ailes de pigeon (genre Caudieux) ayant ainsi le tort d'oublier l'étroitesse de sa culotte de satin. Si bien qu'à la troisième gambade, la culotte s'ouvre en entier à sa partie postérieure et la chemise de Tombapic qui, le soir des débuts était d'une blancheur immaculée, jette au milieu du satin noir une note dont le contraste produit le plus violent effet.

Les chanteuses qui se tiennent derrière les portants sont les premières à jouir du coup d'œil et naturellement les premières à se pâmer, heureuses de cette situation qui devient très comique, enchantées de cet incident qui leur sert de vengeance.

Cependant Tombapic a senti le déchirement de sa culotte et ce déchirement a eu son écho dans le cœur du malheureux cabotin. — Immédiatement, il envisage toute l'horreur de la situation. Il voit son succès perdu ! un brouillard passe devant ses yeux, il se sent pris de vertiges et malgré l'intensité de ce malaise son oreille peut encore percevoir les ricanements de ses camarades, ricanements qui se changent immédiatement en éclats de rire qu'on ne cherche nullement à contenir, au moment où le pan de la chemise de Tombapic arrive à dépasser ceux de son habit rouge.

Inutile de dire que les ailes de pigeon s'arrêtent immédiatement, et le pauvre Tombapic faisant brusquement demi-tour, serrant les cuisses et portant ses deux mains à la partie outragée, sort de scène ayant l'attitude d'un monsieur qui vient de recevoir un coup de pied quelque part!

Le public qui s'est aperçu de la mésaventure du comique, n'a pas un seul instant l'idée de s'apitoyer sur son malheureux sort!

C'est donc un éclat de rire général qui accompagne Tombapic, de la scène à la coulisse, et le rire continue longtemps encore devant la scène vide. C'est ce qu'on trouve de plus amusant de la soirée!...

Cependant toute chose a une fin. Peu à peu,

le rire diminue; les rates s'étant suffisamment dilatées, tout s'apaise et rentre dans l'ordre normal.

C'est au tour d'une autre chanteuse... Mais parmi le public, il y a toujours des taquins, des « bêcheurs » et quelques-uns commencent à crier : « Tom-ba-pic! Tom-ba-pic!... Tom-ba-pic!... » si bien, que deux minutes après, la salle entière sur l'air des lampions demande : « Tom-ba-pic! Tom-ba-pic!... »

Le pauvre Tombapic devient fou!... Il court dans toutes les loges des chanteuses, s'adressant à chacune de ces dames pour les prier, les supplier, de lui donner une aiguillée de fil de n'importe quelle couleur. Il s'en f..... un peu de la couleur! je vous demande un peu si, dans des moments pareils, on a le temps de discuter sur les questions de nuances!

Hélas! le soir des débuts..... ces dames ne sont pas encore installées, elles n'ont pas encore tous leurs bibelots... alors absence totale de boîte à ouvrage. Elles déclarent, *qu'à leur grand regret*, elles n'ont pas le moindre brin de fil.

Dans le fond, elles jubilent, et se « *paient la tête* » de celui qui a failli être le triomphateur!

Tandis qu'au lieu de se montrer rayonnant d'orgueil, c'est maintenant l'abattement et le désespoir qui se peignent sur le visage morne du comique copurchic.

Le tapage continue toujours et le patron qui, tout d'abord, faisait chorus pour rire avec le public, voyant maintenant que les choses prennent une autre tournure, se précipite dans les coulisses à la recherche de l'artiste demandé.

« Voyons, Tombapic, allez leur dire quelque chose..., ce que vous voudrez..., vous savez..., je les connais..., ils vont tout casser!...

— Mais que voulez-vous que je fasse? répond Tombapic d'un air énervé, je ne puis pas entrer en scène dans cet état!...

— Ça ne fait rien... je ne sais pas, moi... faites comme vous pourrez... Tenez! entendez... je crois qu'ils commencent à casser...

mes glaces !... Ah ! je vous en supplie, Tombapic, faites-le pour moi !... si vous ne les calmez pas, je suis perdu !.. ils me démolissent tout !...

— Mais encore une fois, je ne puis rentrer ainsi ! Tenez, voyez !... » Et d'un mouvement coléreux, Tombapic relève brusquement les pans de son habit rouge... celui de la chemise a suivi, et comme à ce moment le patron vient de tomber à genoux pour mieux implorer son artiste, le nez du marchand d'eau chaude se trouve placé dans une singulière cavité !...

. . . .

Le patron a senti tout le poids de cette humiliante situation et, se relevant vivement, il lui dit d'un air noble :

« C'est bien, monsieur, je vous rends responsable des dégâts qui peuvent se produire à la suite de votre *refus de service !* Faites maintenant ce que vous voudrez !... moi, je vais prendre une prise de camphre !... » (Et il sort en se frictionnant le nez.)

Tombapic connaît « les marchands d'eau chaude » et se dit :

« Voilà un mufle qui le ferait comme il le dit ! S'il y a de la casse, il faudrait encore que j'arrive à la payer... mais comment faire? Bon Dieu ! comment faire? »

A ce moment... le regard de Tombapic tombe sur son grand pardessus d'hiver, pardessus orné au collet et aux manches d'une fourrure ayant été neuve... mais il y a de cela bien longtemps.

Un rayon de joie illumine sa prunelle. En un clin d'œil le pardessus est endossé et boutonné et voilà maintenant notre chanteur garanti du haut en bas, et courant vers la scène.

Durant le petit parcours, il a déjà improvisé son annonce.

Du revers de sa main, il essuie son front ruisselant de sueur et se présente devant le public en disant :

« Me voilà ! me voilà !... »

Le public, en apercevant Tombapic recouvert de ce pardessus râpé et crasseux, fait une drôle de tête ; car il a beaucoup de peine à reconnaître ainsi vêtu son comique copurchic, et sa surprise n'a rien de sympathique à l'égard du chanteur. Cependant l'annonce commence :

« Mesdames et messieurs,

« Je vous remercie du brûlant accueil que vous m'avez fait, je suis touché de vos chaleureux applaudissements ; mais il m'est impossible de continuer mon numéro de chant, car vous avez tous été témoins du pénible accident qui vient de m'arriver. Il y a dans la vie de ces *accrocs* qu'il est impossible de prévoir, et malheureusement, je n'ai pas d'autre pantalon. Je n'ai que mon *habit* rouge et des *vestes !* »

Si le commencement de l'annonce était à peu près bien tourné, il n'en était pas de même de la fin.

La chute n'était pas heureuse et le public

ajouta une veste de plus à la garde-robe du comique (sans culotte).

Le public continue à parler de l'incident. Pendant ce temps, Mlle Pourlésotre chante pour la deuxième fois et personne ne s'en occupe. Puis le tour du petit Murell arrive.

Il eut son petit succès. Le public ne fut pas méchant. On a toujours pour les petits prodiges une dose d'indulgence qu'on n'aurait pas pour les autres artistes.

Bref, la soirée se termine sur le tour de Mlle Vazifort, la chanteuse « à gueule d'empeigne » qui a, cette deuxième fois, l'avantage de voir reprendre en chœur le refrain de :

En s'en allant dans un bateau,
Dans un baba
Dans un bateau
Sur l'eau...

Les spectateurs se retirèrent avec ce refrain dans l'oreille, et les rues de la petite ville, si paisibles d'ordinaire, furent bien avant dans la nuit troublées par le refrain mille fois répété de :

En s'en allant dans un bateau
Sur l'eau...

. . . .

. . . .

A peine le public avait-il quitté l'établissement que déjà le gaz était éteint, les portes fermées, et munis d'une lampe qu'ils viennent de déposer sur le comptoir, le marchand d'eau chaude et sa femme se mettent en devoir de compter leur recette. . . . .

. . . .

« Eh! bien, crois-tu que ça a bien marché ? » dit le patron en remuant des deux mains un monceau de pièces blanches qui s'étalent sur le comptoir et faisant sonner les quelques pièces d'or mises soigneusement de côté dans une petite corbeille d'osier.

La monnaie de billon a déjà été mise en rouleaux par Malvina, qui n'est pas encore très adroite pour ce genre de travail, mais... ça viendra avec le temps.

Le patron répète :

« Enfin, crois-tu que nous avons à nous plaindre... hein? »

La femme n'est pas si convaincue que son mari... certainement, ça n'est pas trop mal... mais c'est le premier soir!... Et... tout n'est pas bénéfice; il faut compter les frais, et il y en a des frais!... Avant d'avoir passé partout, ça n'en finit plus!... Les artistes, le pianiste, le loyer, le gaz, les impositions, l'Assistance, les droits d'auteurs, les affiches, le contrôle, la casse... que sais-je?... « Tiens! à propos, si on les comptait tout de suite, les frais, on saurait à quoi s'en tenir. »

Le patron dit à sa nièce d'aller se coucher; puis, prenant une plume et une feuille de papier, il se met en mesure de faire sa liste.

La femme accoudée sur le comptoir, le menton soutenu par ses deux mains a l'air de faire appel à toute sa mémoire pour ne rien oublier. On compte tout et le total arrive à 117 francs.

Ne riez pas!... c'est quelquefois beaucoup d'argent 117 francs *par jour* pour une petite ville.

Enfin, ce soir-là, le marchand d'eau chaude a réalisé la somme de 420 francs sur lesquels il faut sortir environ 60 francs pour la limonade, plus les frais, reste donc un bénéfice net de *deux cent quarante-trois francs*. — Il regarde sa femme et se met à rire aux éclats en lui disant :

« Eh! bien, diras-tu encore que je suis fou? Crois-tu que nous avions besoin d'en vendre autrefois de la chaussure pour avoir 243 francs de bénéfice!... » Puis se redressant tout à coup : « Ah! et puis il faut que ça marche, et que les artistes n'aient pas l'air de venir ici pour s'amuser!... c'est pas tout ça... il faut qu'ils travaillent pour leur argent!... c'est-à-dire pour notre argent... et puis qu'ils donnent des nouveautés!... D'abord demain je vais faire afficher :

Tous les jours répétition publique
de 2 à 5 heures.

Et les chanteuses nous attireront des consommateurs. Je vais leur signifier qu'il faut qu'elles soient là à 2 heures moins le quart. Celles qui manqueront, à l'amende ; celles qui ne répéteront pas de nouveautés... à l'amende ; celles qui ne seront pas gracieuses avec le client... à l'amende. Laisse faire... je vais leur en coller des amendes... »

Le deuxième soir, la recette est presque semblable à celle du jour d'ouverture. Le troisième soir on fait 100 francs de moins, et toutes les personnes susceptibles d'aller au concert ayant vu les « Deux Conils », le quatrième soir, la recette ne monte *en tout* qu'à 83 francs!...

Maltourné est terrifié!...

De son comptoir, sa femme cherche à lui faire comprendre que les frais ne sont pas couverts. Mais le patron esquive son regard, en se disant que le moment de l'explication viendra toujours assez vite. Mais s'il est ennuyé par la pensée du moment fatal, il n'est pas le seul à redouter une entrevue désagréable, car ayant chanté devant les tables vides, Tombapic ne sait plus, ce soir-là, comment s'y prendre pour demander au patron les *vingt sous de la main à la main*.

Cependant il lui vient une idée! Décidément, il n'est pas sans idée, Tombapic, et il aborde Maltourné en disant : « Comme votre dame est occupée, veuillez donc me donner les vingt sous *en question* pour que je les passe à la bonne femme qui a reprisé ma culotte de satin noir. Tenez, elle est là-bas près de la porte. Elle m'attend. »

Le marchand d'eau chaude roule des yeux terribles, puis faisant un signe à Tombapic, il le conduit jusqu'au laboratoire. Alors et sans dire un seul mot, sortant de sa poche une poignée de petits sous, il compte jusqu'à vingt en ayant soin de les déposer sur une table gluante, infecte, pourrie d'humidité par les restants de limonade et les coulages des sirops de grenadine. Le pauvre comique passe près de cinq minutes pour ramasser cette monnaie dégoûtante!... et se contente de dire à cette brute : « C'est ça que vous appelez donner un franc de la main à la main?...

— Oui, c'est ça, répond Maltourné en essayant un sourire qu'on pourrait prendre pour un grincement de dents, et c'est ici, que tous les soirs nous réglerons nos petits comptes. »

Tombapic hausse les épaules et pousse un soupir! — Est-il besoin de dire qu'il n'est pas riche? Il préfère donc perdre chaque soir dix minutes à encaisser ses vingt sous, que de se décider à en faire le sacrifice.

Cependant le cinquième jour, la recette n'est que de 57 francs!... Il est vrai que c'est un vendredi, mais ça ne fait rien... c'est une perte sèche de *60 francs*... sans compter les vingt sous de Tombapic, pense Maltourné. La situation devient inquiétante. Le patron à tout instant se dispute avec sa femme. Bref, le ménage Maltourné est sur le point de tourner mal! Le patron crie du matin au soir aussi bien après ses nièces qu'après les artistes. Mais c'est le pianiste qui devient la tête de turc. Le marchand d'eau chaude exige que le « musicien » soit là tous les soirs avant le lever du rideau et également à la répétition une heure avant l'arrivée des artistes pour « jouer de la musique » dit-il. Ça donne de la gaîté. — De la gaîté, il n'y en a plus de gaîté... dans ce concert... la maison, en moins de quinze jours, a pris dans ses moindres détails, l'aspect d'une *vraie boîte* et le patron s'est mis au rang du parfait marchand d'eau chaude.

Cet homme qui pendant des années avait trouvé le moyen de rester honnête en vendant de la chaussure, ne se fait plus de scrupules maintenant de porter à ses chanteuses des petits billets de la part des commis-voyageurs, qui boivent après la soirée quelques bouteilles de champagne.

S'il est trop occupé pour aller lui-même jusqu'aux coulisses, il remet le billet à l'une de ses nièces qui termine la petite commission et retourne auprès du « monsieur » porter la réponse.

En un mot, il fera tout pour arriver à couvrir ses 117 francs de frais; que l'argent rentre d'une façon ou de l'autre, il faut que ça rentre! Et souvent on l'entend dire : « Qu'est-ce que ça peut me f..... je ne veux pas en être du mien!... »

Les amendes se mettent de la partie et le pianiste en essuie sa bonne part.

« Monsalo, vous fichez-vous de moi?

— Pourquoi cela, patron?

— Comment pourquoi cela? Vous devez être ici à 1 heure et il est 2 heures moins vingt!...

— Cependant, monsieur, je ne puis passer ma vie ici à taper sur votre commode du matin au soir.

— Ah! très bien!... eh! bien, Monsalo, vous aurez quarante sous d'amende. »

Le pianiste en pleurerait... Il est humilié de se voir traité ainsi par un goujat pareil. Aussi il médite une vengeance et se met dès ce jour à la recherche d'un autre engagement. — Ayant trouvé ce qu'il désirait pour la semaine suivante, il ne souhaite plus qu'une occasion pour mettre sa vengeance à exécution.

L'occasion ne se fait pas attendre longtemps, car le samedi suivant est un grand jour de foire. Tous les paysans des environs doivent arriver avec leurs bestiaux, leurs volailles, etc... et ce jour-là, les « Deux Conils » pourront réaliser une forte recette, car on donnera deux grandes représentations : la première à 2 heures et l'autre le soir à 8 heures. C'est annoncé sur une pancarte noire avec des lettres faites au blanc d'Espagne.

Un des grands amis à Maltourné est arrivé avec un troupeau de porcs et s'est installé au milieu de foirail, juste en face des « Deux Conils », se proposant, dès que les affaires seront terminées, d'aller surprendre le couple Maltourné, devenu directeurs de théâtre-concert, comme on le lui a écrit. En attendant, le paysan s'occupe de ses affaires et vend un certain nombre de ses pensionnaires. Parmi ceux qui lui restent s'en trouve un beaucoup plus récalcitrant que les autres... il veut toujours s'échapper ce gaillard-là, et il suffit que le marchand voudrait s'en débarrasser pour que personne ne veuille le lui acheter. Cette sale bête ne peut rester en place une minute et plus le marchand le corrige, plus l'animal cherche à s'esquiver.

Mais voilà qu'il est midi. Il faut aller déjeuner. Le marchand dit à son garçon de bien surveiller la *marchandise*, et qu'il sera de retour dans une demi-heure... il voudrait bien aller voir les « Deux Conils », mais l'appétit le presse, et il entre dans la première auberge qu'il vient de trouver sur son passage.

. . . .

. . . .

Le patron des « Deux Conils » a fait disposer ce jour-là des guirlandes de fleurs et de verdure à la façade de son établissement.

« Tout doit prendre un air de fête! dit-il à sa femme. Je vais dire aux chanteuses de mettre leurs plus belles robes et à Monsalo de se mettre au piano. Voilà qu'il est une heure passée, il doit être là!... »

Et Maltourné rentrant dans son café se met à crier partout :

« Monsalo!... Monsalo!... »

Personne ne répond... pas plus de pianiste que sur la main.

Le patron fait la grimace... mais le guichet est ouvert et les clients commencent à entrer. Forcé de les servir, il ne peut faire mauvaise figure devant le public. Il s'efforce donc d'être gracieux, lorsqu'on entend sonner la demie... Toujours pas de pianiste!... La salle s'emplit peu à peu et le pianiste n'arrive pas!... Le patron s'approche à tout instant du comptoir pour dire à sa femme :

« Crois-tu qu'il n'y aurait pas de quoi s'arracher les cheveux? »

La femme ne répond rien, elle est trop occupée à tenir sa caisse.

Cependant la pendule sonne 2 heures et le public, qui jusque-là s'était contenté de murmurer, commence à taper des pieds en cadence en criant :

« Co-men-cez! co-men-cez! co-men-cez!... »

Le patron est fou furieux, et se dit que ce brigand de Monsalo doit être à contempler la parade de quelque saltimbanque. Cette pensée grossissant rapidement, il finit par la prendre pour une réalité... — Soudain lâchant son public et jetant sa serviette sur l'épaule, il s'élance au dehors.

Un instant auparavant, le marchand de bestiaux ayant fini son déjeuner était revenu à sa place au milieu du foirail, mais il n'y demeura pas longtemps lorsque son garçon lui apprit que le cochon récalcitrant venait de disparaître et qu'il n'avait pu lui courir après de crainte que tous les autres en fassent autant pendant son absence.

Sans en écouter plus long, notre homme se met à courir de tous côtés, mais les acheteurs

sont nombreux sur le champ de foire et chercher quelqu'un ou quelque chose au centre de cette foule, n'est positivement pas tout ce qu'il y a de plus facile.

Tout en courant comme un effaré, le paysan se trouve nez à nez avec Maltourné.

Ce dernier, les yeux en boules de loto lui dit :

« N'as-tu pas vu mon pianiste?

— Eh! je m'occupe bien de ton pianiste, répond le paysan... Je cherche *mon cochon!...*

— Eh! bien, réplique le marchand d'eau chaude, si tu cherches ton cochon, moi je cherche *Monsalo*!... »

Toutes les personnes voisines se retournèrent étonnées d'entendre ce genre de conversation émanant de bouches masculines.

Le pianiste ne reparut plus au concert des « Deux Conils ».

Les chanteurs le jour de la foire avaient la corvée épouvantable de chanter sans le concours du moindre instrument. Ah! que c'était joli!

Le lendemain, le correspondant envoyait un *crin-crin* en attendant un nouveau pianiste. Mais dans de semblables conditions les « Deux Conils » ne pouvait avoir plus longtemps la prétention de maintenir le prix d'entrée.

Le patron prit donc la résolution d'aller comme ça jusqu'à la fin du premier mois et de changer ensuite la forme des choses.

Il réunit ses artistes et leur dit :

« Vous m'avez coûté assez cher, jusqu'à présent, mais j'espère que vous ne vous imaginez pas que ça peut continuer plus longtemps comme ça ! Je peux avoir une « bonne tête », mais il y a des limites. Par conséquent, vos engagements étant résiliables à la fin du premier mois et la fin du premier mois étant jeudi prochain, je vous annonce que je supprime le prix d'entrée et que ceux qui voudront rester auront 2 fr. 50 par jour et leurs quêtes !... »

. . . .

Quatre jours après, la façade extérieure des « Deux Conils » disparaissait sous d'innombrables bandes multicolores portant en grosses lettres :

ENTRÉE LIBRE

Le même soir, la salle fut comble comme le jour de l'inauguration, mais quel bruit! quel vacarme!... quel public!...

Les pauvres chanteurs avaient beaucoup de peine à se frayer un passage au milieu de tous ces gens buvant, fumant et crachant.

Les quêtes étaient pour eux plus pénibles que ne l'étaient à chanter les chansons de leur répertoire.

Pour les femmes, c'était autre chose. Embarrassées par leurs robes, une fois engagées au milieu des tables et des tabourets, elles ne pouvaient plus en sortir. Et il fallait en dehors de cela qu'elles répondent gracieusement aux demandes des uns, aux sourires des autres et qu'elles feignent de ne pas entendre les grossièretés du plus grand nombre.

Mais le patron avait trouvé le *joint*. Les consommateurs étaient nombreux, les frais étaient réduits; comme cela, ça pourrait aller. De plus, il obtint quatre jours plus tard l'autorisation de « rester ouvert » jusqu'à 2 heures du matin.

Oh! alors, il s'en passa de belles!... Ah! les pauvres chanteuses eurent de l'ouvrage!... Elle arrivaient aux « Deux Conils » à midi, car elles y mangeaient maintenant. A 2 heures, répétition jusqu'à 5 heures. A 6 heures, dîner. A 7 heures, il fallait s'habiller pour commencer à 8 heures et finir à 11 h. 1/2. On se déshabillait, on se rhabillait et on soupait... Si bien qu'on ne rentrait chez soi qu'à 2 h. 1/2 du matin... quand on y rentrait!...

Le patron était maintenant le type parfait du *marchand d'eau chaude*. . . . .

C'est lui qui organisait et servait les soupers froids ou chauds, car s'il avait diminué sur le côté artistique, il avait augmenté le personnel culinaire et possédait maintenant un garçon de laboratoire et un mauvais marmiton.

Sa principale préoccupation était de faire naître les occasions lui permettant d'avoir quelques petits soupers à servir... et il commençait à s'acquitter très bien de cette malhonnête besogne. La gentillesse des chanteuses devait l'aider. Aussi ne se lassait-il pas de leur recommander d'être gentilles avec « ces messieurs. »

A dater de ce jour, le sieur Maltourné, directeur des « Deux Conils » n'écrivait plus aux correspondants que des lettres ainsi conçues :

« Monsieur,

« Envoyez-moi de nouvelles chanteuses, les autres commencent à être un peu... usées pour mes clients... il faut du changement. Ah! le métier devient terrible... surtout, ne m'expédiez pas de vieilles grenouilles. Il me faut des petites femmes jeunes, gentilles, roublardes et... pas farouches. — Il m'en faudrait deux pour le 9.

« Agréez mes salutations.

« MALTOURNÉ »

« *P.-S.* — Vous pouvez leur dire que les quêtes sont excellentes chez moi pour la femme qui sait s'y prendre ».

Et Maltourné cachète sa lettre en fredonnant :

Si les femmes savaient
Si les femmes savaient s'y prendre.

Maintenant il est gai, il est heureux! Il a trouvé le moyen de gagner de l'argent!...

. . . .

Il n'est plus question de comique ni de chanteurs. Un homme, ça va toujours. Il lui faut des femmes et des femmes jeunes et même jolies, si c'est possible... voilà ce qu'il faut pour *sa maison*.

Ce que fait Maltourné, c'est ce que font tous les « marchands d'eau chaude ». Ce sont des crapuleux!...

Ils ne le sont peut-être pas tous! allez-vous objecter.

Pardon! s'ils ne l'étaient pas, ils ne seraient pas marchands d'eau chaude, et je ne les ferais pas figurer dans cette peu sympathique catégorie.

L'homme véritablement honnête, foncièrement honnête, qui commence à tourner au marchand d'eau chaude, le sent, s'en aperçoit. Il réagit et liquide alors au plus vite, laissant à un successeur moins scrupuleux, le soin d'exploiter l'établissement et la situation équivoque : porter à ses chanteuses les billets doux du public; faire après la soirée le service en question; ne pas garder chez lui les femmes qui ne savent pas faire boire ses bouteilles de champagne.

Or, celui qui reste dans ce milieu, c'est parce qu'il s'y plaît; du moment qu'il tire profit de cette combinaison malpropre, c'est que ça répond parfaitement à sa manière de voir; et, puisque cela entre dans ses sentiments, je n'ai pas besoin d'ajouter qu'il n'est alors digne d'aucune considération.

Le véritable marchand d'eau chaude, ou pour mieux dire, celui qui *l'est depuis longtemps*, ne vaut pas la corde pour le pendre!.....

Les Directeurs Intermittents

Des individus qui passent leur vie à être directeurs, à ne plus l'être et à l'être encore dès qu'ils ont trouvé un niais pour leur confier des fonds.

Le directeur intermittent ne se localise pas. Vous le voyez à Paris, en province, à l'étranger, vous le voyez et le revoyez changeant de direction comme de chaussures.

Vous avez bien entendu : comme de chaussures.....

Et voici ce qui m'est arrivé certain jour :

C'était sur le boulevard Poissonnière. J'étais occupé à lire les affiches d'une colonne, lorsque je me sens frapper doucement sur l'épaule. Je me retourne et je reconnais sous un vêtement très défraîchi un de ces impresarios d'occasion qui m'avait fait donner trois représentations dans un établissement qu'il dirigeait l'année précédente.

« Ah ! mon cher Ouvrard, que je suis heureux de vous rencontrer !... vous savez que *je monte* une affaire importante, colossale, immense !... mon cher, quelque chose d'inédit !... vous direz ce que vous voudrez, mais maintenant, il faut du nouveau ! Ah ! dame ! ça ne se fait pas sans argent !... mon devis est terminé et pour mener mon idée à bonne fin, il faut toujours compter de 4 à 500,000 francs. »

. . . .

Je regardais ce type mal rasé, avec sa chemise sale, son chapeau de soie, rougissant plus facilement que celui qui le portait, et je me disais : « C'est vraiment épatant ! voilà un particulier qui ne doit pas avoir vingt francs dans la poche et qui parle de cinq cent mille francs comme d'une action de Panama ! Ah ! çà, où les prendra-t-il ? les cinq cent mille francs ? » Et... comme j'ai vu dans cet ordre d'idées des choses tellement raides, je me sentis pris d'une certaine admiration pour l'initiative de ce monsieur qui, par son intrigue, sa souplesse, sa persuasion, était peut-être à la veille d'entreprendre avec l'argent d'un autre, la grande affaire dont il venait de m'entretenir.

Puis me prenant le bras et m'entraînant vers la terrasse d'un café, il me dit :

« J'aurai de tout dans cet établissement, des attractions multiples, mais je veux aussi une partie de concert et, si vous êtes libre quand l'époque viendra..., vous serez le premier engagé, car vous êtes bien l'homme qu'il me faut. Ah! donnez-moi donc votre adresse!... »

Et comme il ne sait pas écrire debout, il en profite pour s'asseoir à la terrasse du café, et frappant de sa canne, il appelle le garçon.

« Garçon... de quoi écrire. »

Je trouve que la consommation n'est pas suffisante et je dis au garçon d'attendre un peu, puis, m'adressant à mon *futur directeur* :

« Qu'est-ce que vous prenez?

— Moi... Oh! rien!... si, un madère, avec deux ou trois biscuits. »

Et je demande pour moi une absinthe anis.

Le garçon apporte le buvard et les consommations. Du temps que je passe à faire mon absinthe, le madère est absorbé d'un trait, mais mon directeur déclare qu'il est délicieux.

« Garçon, un autre madère. »

Cette fois, pensais-je, j'aurai peut-être le bonheur de pouvoir trinquer.

L'impresario me parle encore de son entreprise, puis je bus mon absinthe, lui son second madère qui, aidé des biscuits et du premier madère, lui servait probablement de déjeuner, et nous nous séparâmes.

Le lendemain matin, j'étais allé me faire raser, lorsque ce monsieur se présente chez moi. On l'introduit, il me demande, et sur la réponse de la bonne, il dit qu'il pouvait tout aussi bien parler à Madame.

Il s'annonce comme étant très bien avec moi, reparle de sa grande entreprise, et, finalement, avoue qu'il n'est pas en tenue pour se présenter chez ses commanditaires : « Son vêtement peut encore aller, mais ce sont ses chaussures *qui ne veulent plus rien savoir!* » (Telle fut son expression).

Ma femme, qui est prévenue, ne tombe pas dans ce genre de piège si souvent répété et lui déclare que tout ce qu'elle peut faire, c'est de lui offrir une pièce de cinq francs.

« Donnez toujours, répond l'impresario, c'est suffisant pour un ressemelage. »

Le lendemain matin, à 7 heures, son concierge portait les bottines chez un petit cordonnier du quartier. Celui-ci les rapportait à 11 heures à leur propriétaire, qui les attendait patiemment dans son lit. A midi, il était chez moi pour me remercier, me prouver le bon emploi qu'il avait fait de mon argent et... s'inviter à déjeuner.

J'avoue qu'il ne me cramponna pas et je restai deux ans sans le revoir.

Un beau jour, tout Paris fut couvert d'affiches pour annoncer l'ouverture du grand Alcazar international. On parlait de choses merveilleuses et j'apprends, quoi? que c'était mon homme au ressemelage qui en était le directeur! S'il y en avait d'autres, on ne les connaissait pas, on ne les voyait pas, ils ne se montraient pas. C'était donc lui, c'était *lui seul* qui jouissait de tous les honneurs directoriaux!

. . . .

Je dois vous avouer que j'aime assez étudier les choses et les gens et, sans avoir, je le jure, la moindre idée de taquiner cet homme, je me dis : « Si j'allais le voir? voyons comment il me recevrait. »

Étant assez primesautier, cette idée m'avait à peine traversé l'esprit que déjà je me dirigeais vers l'établissement. Je demandais monsieur le directeur à un employé qui me répond :

« Adressez-vous d'abord à M. Chose. »

Et après m'avoir fait perdre cinq minutes, M. Chose m'adresse à M. Machin, qui me dit :

« Attendez-moi un instant, je vais demander à son secrétaire si M. le directeur peut vous recevoir. » M. Machin fait quelques pas, puis revenant vers moi, il me dit : « Ah! avez-vous votre carte? »

Immédiatement, je pensais que ma visite pourrait avoir un côté désagréable dans l'idée de M. le directeur, et, faisant mine de chercher dans mon carnet, je réponds l'air désappointé :

« Sapristi! C'est un fait exprès, il ne m'en reste pas une seule!..

— Ça ne fait rien, donnez-moi votre nom sur un bout de papier. »

Le nom ou la carte, le résultat était le même. Cependant je ne voulais pas donner un faux nom. Je tranchais la question en mettant mon nom de baptême, et j'inscrivis sur un bout de papier

« M. ELOI »

Dix-sept minutes plus tard, j'étais introduit près du directeur.

En m'apercevant, il fronce le sourcil et d'un ton grave... il me dit :

« C'est vous qui avez inscrit ce nom comme étant le vôtre?

— Parfaitement! c'est moi.

— Mais...

— Mais je vais vous dire... pour tout le monde, je m'appelle Ouvrard, seulement pour les amis, je m'appelle Eloi... et comme je vous considère comme...

— Assez, Monsieur, finissons-en! Je ne vous reconnais pas plus sous le nom d'Ouvrard que sous le nom d'Eloi, et je ne tiens pas à être plus longtemps la victime de votre mystification!..

— Vous ne me reconnaissez pas? fis-je en regardant ce monsieur bien habillé, bien pommadé, bien astiqué, eh bien, ça ne me surprend pas, car moi-même, j'ai de la peine à reconnaître en vous le buveur de madère du boulevard Poissonnière, et plus je regarde vos beaux souliers vernis et plus je trouve qu'ils n'ont aucun rapport avec la chaussure dont vous me fîtes payer le ressemelage!.. »

Puis frappant moi-même sur le timbre qui était sur son bureau, je dis à l'huissier qui se présenta aussitôt de bien vouloir me reconduire.

Je pourrais vous conter d'autres aventures du même genre, mais je serais obligé de me répéter. Je me borne donc à vous dire :

Méfiez-vous des *Directeurs intermittents !*

Si vous les avez connus dans la dèche, ils ne vous le pardonneront jamais !

Le Doyen

Puisque nous venons de parler des directeurs intermittents, nous ne pouvons faire autrement que de parler aussi de : *L'anti-intermittent!...*

Tous les artistes le connaissent. C'est M. Ducarre, directeur des Ambassadeurs et de l'Alcazar d'Été.

Il devint directeur des Ambassadeurs le 1er janvier 1874 et se rendait acquéreur de l'Alcazar d'Été que lui céda M. Monin, en 1882.

C'est donc lui le doyen des directeurs des concerts de Paris et de France, très probablement.

De tout temps, sa façon de diriger a été citée à Paris. Aussi ses concerts lui ont-ils rapporté des millions. Il pourrait maintenant largement se passer du tracas directorial, mais c'est son bonheur, c'est sa vie, et vous ne vous imaginez pas tout le soin qu'il apporte dans l'ordre de tous les papiers ayant quelque intérêt.

Ayant eu dernièrement le plaisir de causer assez longuement avec lui dans son bureau, il sortit d'un tiroir un tout petit carnet et me dit :

« Avec ça, je puis vous dire les noms de tous les artistes qui ont chanté chez moi, le temps qu'ils y sont restés et les appointements qu'ils y ont gagnés. »

Ça n'a l'air de rien ce petit détail. Eh! bien, veuillez me dire quel est le directeur assez ordonné pour pouvoir en faire autant, à l'aide d'un simple carnet? Ils iront vous chercher des livres de dimensions extravagantes et feront parfois des recherches à n'en plus finir rien que pour vous dire au juste l'époque à laquelle M. Paul ou M. Pierre se trouvaient chez eux.

Ce même détail prouve combien M. Ducarre a du goût pour son entreprise.

Quand on est chez lui on y est très bien. Je dirai même qu'à une époque on y était trop bien, et des artistes maladroits, ayant voulu abuser des gracieusetés qui leur étaient offertes par la direction, ont absolument tout gâté... Aussi maintenant plus de fête, plus de bal, plus de musique, plus de champagne... L'inconduite, la malséance de quelques-uns, ont décidé M. Ducarre à supprimer tout cela.

Les artistes n'en sont pas moins très heureux dans les deux établissements que M. Ducarre dirige, et c'est souvent des Ambassadeurs ou de son voisin l'Alcazar que part la réputation de l'un d'eux.

L'artiste peut alors regretter d'avoir signé avec M. Ducarre pour plusieurs années.

Il peut aller trouver son directeur et lui dire :

— Voyez, monsieur Ducarre, tout le succès que j'ai... vous conviendrez que je porte sur votre public... vous voyez bien que je vous attire du monde. Je vous en prie, refaites-moi mon engagement, je ne puis vraiment rester encore trois ou quatre ans chez vous dans les mêmes conditions!... c'est ma ruine!..., etc...

Le père Ducarre est inébranlable! Il n'augmentera rien du tout. « Quand l'engagement sera fini, nous verrons », dit-il.

Et si vous lui faites le reproche de ne pas être consciencieux, il vous répondra :

« Si je fais une bonne affaire, j'en profite. Ça prouve que j'ai eu du flair. Ça me flatte! — Et si par hasard, je manque de flair, et que j'en fasse une mauvaise, je me dis : — Tu as fait une gaffe, il faut la subir!.. et je ne dis rien, absolument rien à l'artiste... c'est tant pis pour moi!.. »

En somme, chacun dans leur genre, les directeurs sont ce qu'ils sont et resteront ce qu'ils sont.

Mais il serait à souhaiter que les artistes ne soient jamais plus malheureux que sous la direction Ducarre.

Ah! j'en connais une autre cependant où l'on est bien... (je ne parle pas pour moi — j'y fais deux jours par an) je parle pour tous ceux qui y sont engagés.

Cette direction est celle de mon excellent

ami Pèlegrin le brave (1), directeur du Casino de Toulon.

Tous les bons artistes qui le connaissent me diront que j'ai raison.

(1) Brave... expression qui, dans le Midi, signifie aimable, consciencieux, gentil.

III

LA MAISON DUSENTIER

LA MAISON DUSENTIER

C'est à Lyon, place Célestine, qu'elle fut fondée en... la date m'échappe. C'est la maison privilégiée des artistes; ils y descendent les yeux fermés sachant sûrement y trouver les moindres petites choses nécessaires à leur manière de vivre habituelle.

La patronne, une luronne (plutôt ronde que longue) est née en Auvergne. Elle a le visage éveillé, la mine alerte et son œil noir et brillant a le don de détailler avec une rapidité inouïe les dehors de l'artiste qui se présente chez elle pour la première fois.

Ils devraient être peu nombreux, les nouveaux, car depuis près de vingt ans que la maison existe, il en est passé des centaines; mais la défilade est inépuisable, les artistes poussent comme des champignons : il n'est pas rare lorsque vous cherchez un renseignement sur un programme quelconque de ne pas y voir figurer un seul nom connu.

Mais revenons place Célestine, montons trois étages d'un gigantesque escalier aux marches larges, aux murs humides éclairés par-ci par-là, grâce à de petites fenêtres donnant sur une rue étroite et sale et tirons la sonnette qui se trouve près de la plaque portant le nom « Dusentier ».

Avant qu'on vienne ouvrir, nous remarquons au-dessous de cette plaque un petit guichet aux barrettes de cuivre semblable à ceux qu'on voit aux portes de parloir des maisons de piété. Ce n'est cependant pas dans un couvent que nous allons pénétrer.

La sonnette agitée donne généralement l'éveil à deux ou trois roquets qui de leur petite voix aigre et sèche font, jusqu'à la porte, une conduite à la personne chargée d'ouvrir.

Cette personne ne peut être absolument désignée. C'est tantôt la patronne, tantôt la bonne et souvent un monsieur ou une dame artiste se trouvant à passer dans le couloir au moment où la sonnette a retenti.

La porte s'ouvre. Méfiez-vous! n'entrez pas trop vite, car vous allez vous trouver sur un petit carré encombré de malles ou autres bagages d'artistes devant partir le soir même ou dans la journée.

Tournez à gauche, et s'il est midi ou 6 heures, le bruit de nombreuses conversations vous indiquera que vous vous trouvez à deux pas de la salle à manger, à deux pas des pensionnaires de la maison « Dusentier ».

N'essayez pas d'ouvrir la porte de cette salle. Cela fait des courants d'air, et donnez-vous la peine de passer par la cuisine. C'est généralement là que se trouve la patronne.

S'il est midi, n'entrez pas en conversation

avec elle, le moment serait mal choisi ; elle est tout à ses fourneaux. De la main gauche, elle surveille son macaroni et de la droite, elle arrose son rosbif prêt à sortir du four.

« Bonjour, mère Dusentier ». Voilà si vous

connaissez la maison où doit se borner la série de vos compliments, car si vous arrivez, d'autres sont là depuis un instant, et ils ont répétition à une heure. Les uns ont déjà sorti leur serviette du rouleau, d'autres plus avancés font fiévreusement tourner leur fourchette dans leurs doigts impatients..., d'autres terminent leur conversation sur la correspondance reçue le matin... Lettre d'amour de la dernière victime laissée à Saint-Étienne ou à Dijon... lettre d'un correspondant qui a l'impudence d'offrir 350 francs quand on en vaut 600 au bas mot et pendant ce temps-là, le père Dusentier dispose sur la table les bouteilles catholiques et chrétiennes baptisées du matin. . . . . . .

. . . .

Puisque j'ai prononcé son nom, parlons un peu du père Dusentier.

C'est le type du gros Normand à la face réjouie, une de ces faces entièrement rouge, parfois cramoisie sur les pommettes de laquelle percent deux petits yeux bleus, pas méchants du tout, la lèvre épaisse respire également la bonté.

L'ensemble offre l'aspect du brave homme sorti du tourment des affaires. Maintenant, son travail consiste d'abord à descendre à la cave chaque matin et faire ensuite la petite opération dont je parlais plus haut.

A table, il occupe généralement la place présidentielle au milieu de ses pensionnaires, et loin de viser à l'économie, c'est lui au contraire qui pousse à la consommation.

« Mademoiselle Blanche, reprenez-vous un peu de rosbif?... monsieur Zanzibar, désirez-vous encore quelques brins de salade?... »

Sa conversation se borne à faire des offres de ce genre... en dehors de cela, il écoute... et tout en écoutant travaille pour son compte, car c'est un joyeux coup de fourchette que le père Dusentier, et il n'est pas rare, lorsque la patronne emporte trop vivement le plat de résistance, de l'entendre dire d'un ton de quasiautorité : « Femme, redonne-moi du rôti... femme, passe-moi donc un peu de sauce. » Et regardant la nouvelle portion d'un œil satisfait, il s'occupe ensuite de savoir ce qu'est devenu le pot de moutarde que M. Anatole, le comique, genre Paulus, finirait, je crois, s'il n'avait des craintes pour sa voix. « Allons, Anatole, passez donc la moutarde au père Dusentier. Vous ne voyez donc pas qu'il est anxieux, la salive lui vient à la bouche », et comme il n'a plus de pain, il fait un signe à M. Henry, le gros baryton, qui se tient à l'extrémité de la table et qui, après s'en être coupé une tranche, demande au père Dusentier quel est le genre d'expédition qu'il désire pour recevoir le pain, en bombe ou en boulet ! « Ça m'est égal, s'écrie le père Dusentier, dépêchez-vous. » Et la miche lancée à tour de bras franchit la longue table. Malheureusement elle est arrêtée au milieu par le bec de gaz dont le verre se casse et les morceaux se répandent dans toutes les assiettes. C'est un tohu-bohu général où vient se mêler la note sévère, car apparaissant comme un vrai maître d'école, la mère Dusentier qui vient de sortir de sa cuisine s'efforce de paraître froide, glaciale et accompagne cette attitude de nombreux et significatifs haussements d'épaules. Le père Dusentier n'est pas à la noce, mais les pensionnaires se tordent et ne regrettent pas cet incident qui leur sert de joyeux entremets.

Enfin le dessert arrive, et les estomacs étant satisfaits, les pensionnaires qui paraissaient les plus pressés commencent à rouler plusieurs cigarettes.

La façon dont ils se renversent sur leur chaise indique clairement qu'ils veulent savourer leur café sans trop se presser.

« Mais, dites-moi, Anatole, je croyais que vous aviez répétition à une heure un quart?

— Oh! un quart pour la demie, et puis, vous savez, je ne suis pas dur, moi; s'ils ne sont pas contents, ils n'ont qu'à le dire! Ils n'en trouveront pas besef des comiques à 400 francs jouant l'opérette et faisant un tour de chant aussi *propre* que le mien.

— Oh! pour ça, s'écrie Mlle Blanche, votre tour de chant est propre, seulement c'est bien dommage que vos chansons soient sales.

— Sales, mes chansons! qu'est-ce que vous trouvez de sale? Citez-moi seulement un de mes couplets qui soit aussi écœurant que ce que vous chantiez hier soir une, deux, à la Tamaraboum. Non! parole d'honneur! vous êtes crevante!... C'est bien le cas de dire, dans ce métier, on voit un cheveu dans l'œil de son voisin, on ne voit pas une cathédrale dans le sien!... Eh! bien, ma petite, je puis vous affirmer que j'ai chanté où vous ne ficherez jamais les pieds, et si j'avais voulu faire du théâtre, ça ne dépendait que de moi. On m'a assez rasé pour m'y engager au théâtre, mais je préfère le concert, car je suis en train de préparer un truc dont vous me direz des nouvelles!... C'est là qu'on verra un peu les malins. Il y en aura plus de quatre qui feront un rude nez. Et vous la première, vous en serez bleue! Alors vous croyez donc que je n'ai rien dans la peau?... »

La mère Dusentier a entendu : Rien dans la poche, — et elle s'approche déjà, croyant que son trop exubérant pensionnaire va montrer devant tous le total de ses économies.

Voyant qu'il n'en est rien et ayant les oreilles cassées par le ton de cette conversation, elle prie M. Anatole et Mlle Blanche de penser à leur répétition. Les deux adversaires finissent par se lever et sortent en se lançant encore des quolibets de toute nature.

Mais la maison Dusentier ne permet pas d'entretenir de haine ni de rancune, et cinq jours après cette scène, mademoiselle Blanche placée près d'Anatole, lui dit doucement : « Dis-moi, mon chéri, veux-tu me redonner un peu de potage?... » Et Anatole de répondre : « Mais, comment donc, ma mignonne, avec plaisir! » Bref, ces deux êtres qui s'insultaient il y a cinq jours à peine, sont en ménage depuis ce matin. Anatole a tout expliqué à Blanche,

Blanche a très bien compris Anatole et il n'y aurait rien d'étonnant qu'elle ne le quitte pas de sitôt, comptant bénéficier de sa part dans l'exploitation du truc qui doit épater les malins !

. . . .

Le soir, après la répétition, on fait sa partie de cartes. On est six ou sept; ça peut durer deux heures, trois heures parfois, ça retarde même l'heure du dîner. Ce dernier détail n'est pas toujours bien accueilli par ceux qui ne jouent pas, pas plus que par ceux qui ont joué et qui ont perdu. Il est vrai que le gagnant est presque obligé pour ne pas avoir l'air d'un pingre de payer une tournée d'apéritif dont le total dépasse parfois celui des bénéfices au jeu. Enfin, ça se passe en famille. Mais qu'on gagne ou qu'on perde, la mère Dusentier s'arrange toujours de façon à ce que la perte ne soit pas pour elle. Ah ! c'est bien le moins ! Elle fournit le feu, le gaz, le tapis et les cartes ! Dame ! il faut compter avec l'usure du matériel dans une maison de ce genre. Demandez plutôt à l'ami de la maison. C'est M. Marteau, ancien artiste de théâtre, où il s'est longtemps distingué dans divers emplois. Aujourd'hui, ses attributions sont changées, il est aujourd'hui le roi des metteurs... en scène. Il a monté à Lyon des pièces déjà jouées à Paris et en maintes circonstances il a reçu les félicitations sincères et des auteurs et du public. Il n'y en a pas un comme lui pour tirer parti des choses scéniques. Il y met tout son cœur, tout son savoir. Malheureusement il est attaché à une direction qui n'a jamais eu l'idée de le récompenser *de tous ses efforts!* et les propositions qu'il reçoit de tous côtés pour des établissements de premier ordre, auraient pu le décider à quitter Lyon, s'il n'était soigné, choyé, dorloté dans la maison Dusentier. Bon vivant, bon garçon, et en dehors du « travail », de société très agréable, bon coup de fourchette selon les lunes stomachiques, si vous le trouvez pendant une période où le tube digestif est d'aplomb, et que vous lui offriez, en compagnie d'amis, à manger un bon poulet de grain, je vous affirme qu'il ne crache pas dessus. Au reste, la mère Dusentier m'a affirmé *qu'il ne crachait jamais!*

Marteau adore les bons artistes, il est même très gobeur. Il n'y a donc absolument que les « clous » qui auront à se plaindre de lui. Mais tous les artistes sans distinction sont adressés par lui à la maison « Dusentier », et Marteau serait longtemps encore l'ami de la maison si la mère Dusentier ne songeait à se retirer!... Parfaitement! se retirer!... Elle a donc gagné de l'argent? il paraît que oui. Cependant si vous le lui dites, elle vous répondra qu'elle joint juste les deux bouts avec le prix que paient les artistes, c'est à peine si elle s'y retrouve. On serait presque tenté de croire qu'elle perd un peu sur chacun, et qu'elle n'a pu s'amasser des rentes qu'en se rattrapant sur la quantité.

Ah! ah! elle est curieuse la combinaison!...

Mais dans les conversations que vous pourrez avoir avec elle, la mère Dusentier, vous en dira bien d'autres!... Elle a simplement le tort de ne pas faire la différence de ceux qui croient réellement tout ce qu'elle dit, avec ceux qui ont l'air de la croire uniquement pour lui être agréables.

En somme, ne disons aucun mal de la maison « Dusentier », dont la patronne n'a fait qu'une gaffe sérieuse en passant un traité pour avoir une réclame avec le « futur », une feuille de chou dont nous allons parler plus loin.

A part cela, croyez-moi : Si vous êtes artistes, descendez dans cette maison, vous n'aurez pas le temps de vous y ennuyer. Si vous n'êtes pas artistes, descendez-y tout de même, et vous pourrez alors, si vous êtes observateur, apprendre une foule de choses que vous ne connaissez pas...

Il y a de tout dans les réunions d'artistes. C'est un mélange de têtes folles et intelligentes, de cœurs secs et de cœurs tendres, de grues et de femmes honnêtes. Et dire que par les hasards de cette existence spéciale, tout ce monde se réunit à la même table, tout cela vit de la même vie, la prenant cependant de façon bien diverse, selon les différences de sentiments. La femme honnête y vit honnête, mais elle a par ce seul fait un mérite infini. La cascadeuse y trouve certainement son élément avec plus de facilité. De plus, c'est une continuelle gazette de chaque jour, tout ce qu'on peut apprendre.

Ce sont également chaque jour de continuelles liaisons de dames et messieurs artistes, mariages de la main gauche, mais aussi parfois de la main droite. J'en suis sûr. . . . .

. . . .

Je ne veux pas terminer ce chapitre sans dire qu'il existe à Marseille une maison analogue et fondée avant la maison « Dusentier ».

C'est la pension de la mère Curny.

Une brave femme qui a eu tous les malheurs possibles. Après avoir été frappée dans ses affections les plus chères, elle mériterait de la part des artistes un peu plus de ménagements.

Elle est trop bonne, trop confiante. Elle a rendu d'innombrables services, et malheureusement beaucoup d'artistes, indignes de ce titre, sont véritablement trop oublieux des dettes les plus sacrées !

IV

LE « FUTUR » ET LE « FLUTEAU »

LE « FUTUR » ET LE « FLUTEAU »

Deux journaux, s'occupant de concert :

Le *Futur* était fondé bien avant le *Fluteau* et pouvait avoir sa raison d'être au moment où il s'occupait uniquement de fournir des renseignements précis. Il était surtout agréable aux artistes de province qui désiraient savoir ce que le créateur de leur genre venait de chanter soit à la Scala soit à l'Eldorado, ou tout autre concert de Paris; il était utile aux directeurs qui, souvent à la recherche de tel ou tel artiste, trouvaient presque toujours son adresse en consultant le *Futur*. Les agents lyriques eux-mêmes y trouvaient leur compte. Bref, ça allait très bien. Alors puisque tout le monde était content, pourquoi ne pas continuer comme ça?... Ah! voilà... nous y arrivons de suite!

L'ambition perd l'homme, nous dit un vieil adage. Et moi, j'ajoute qu'elle peut perdre aussi la femme et même son journal, car le *Futur* a bien un directeur, mais il a aussi une directrice. Voilà ce que vous ne saviez pas; et ce que vous ne saviez pas non plus, c'est que cette gracieuse et éloquente directrice se donne un mal de tous les diables pour pousser le *Futur;* en effet, elle le pousse tellement que le pauvre *Futur* n'a déjà plus son aplomb de jadis, et je ne serais pas étonné qu'avec une nouvelle série de poussées elle n'arrive à le faire tomber complètement.

Précisons :

Mme la Directrice, se rend au domicile des artistes — pas seulement des artistes, mais aussi des petites dames qui, comme on dit vulgairement, n'ont encore « rien dans le ventre » — puis douée d'une loquacité incroyable elle met en branle son moulin à paroles et les crédules sont, en moins de vingt minutes, absolument convaincus que leur position dépend du traité que cette dame vient leur proposer.

« Voulez-vous dix lignes par semaine?

« C'est six cents francs par an.

« Voulez-vous parler de vos toilettes seulement?

« Voulez-vous qu'on parle de vos formes? avec portrait à l'appui, genre Tathezy, en quatrième page? Portrait en buste, mille francs par an, portrait en pied, quinze cents francs.

« Voulez-vous la place d'honneur?

« Vous entendez bien? la place d'honneur dans le *Futur!*...

« Parfaitement, il y a une place d'honneur. Elle est à la première page et on la cède moyennant une petite rétribution annuelle de deux mille francs!... »

Si vous acceptez l'une de ces combinaisons, on vous encensera, on vous pommadera pour votre argent, et du jour au lendemain vous aurez un talent dont vous ne vous seriez pas douté. Tout sera remarquable en vous : la voix, la diction, la tenue, vous êtes parfait! Oui, tout sera remarquable, mais ce qui est à remarquer également, c'est que votre talent tout en grossissant vient de faire diminuer les dimensions de votre bourse. Car toutes ces phrases banales tracées sur le même cliché, c'est vous qui les payez et cela vous sert juste à faire rire et les directeurs et vos camarades.

Tous les *bons points* qu'on vous distribue, vous ne les méritez que grâce à votre argent, puisque du jour où le traité sera expiré, si vous ne donnez pas satisfaction aux nouvelles exigences de Mme la Directrice, vous êtes sûrs que la distribution cessera.

Adieu la gloire! adieu les prix! adieu les accessits! adieu les bons points! adieu tout!...

Vous ne payez plus!

Vous ne valez plus rien!. . . . .

. . . .

Et il n'en manque pas déjà de ceux qui ne veulent plus payer!

Qu'en dis-tu, Bonnaire?

Qu'en pensez-vous Kam-Hill?

Je ne m'adresse qu'à vous deux, votre réponse me suffira — mais je pourrais adresser cette question à cinquante artistes et même plus, et le nombre de ceux qui ne veulent plus payer *s'augmente* chaque jour, et le nombre d'artistes dont on ne parle plus dans le *Futur s'augmente* dans les mêmes proportions, si bien que j'en arrive à me demander de quels artistes le *Futur* pourra bien parler d'ici quelque temps. Alors plus de renseignement utile s'il ne parle que des clous!...

Absence de renseignements, absence d'intérêt et par la suite, absence d'abonnés.

La voyez-vous la fin? . . . .

. . . .

Pour ce qui est du *Fluteau*, c'est une feuille si minuscule, qu'on ne peut même pas l'appeler feuille de chou!... C'est tout au plus une feuille de persil, mais son suc n'en est pas moins vénéneux. Et comment en serait-il autrement, lorsqu'en réalité un journal ne s'occupe que de potins.

Mon Dieu, oui! à part les potins, la rédaction n'a pas grand' chose à faire.

Imaginez-vous quatre petites pages.

La première nous montrant un dessin fort bien fait. Au verso, une chanson du directeur. La chanson est généralement à la hauteur du dessin — car le directeur est un maître chansonnier; — à la troisième page les potins en question et à la quatrième... des annonces. Vous le voyez, les rédacteurs n'ont que la troisième page à remplir; ils ont pour cela toute une semaine, et ils se mettent douze ou quinze pour accomplir ce travail de géant!... Ce que leur directeur doit rire derrière son cache-nez rouge!...

Cependant, il est bon de convenir que, contrairement à la direction du *Futur*, ces messieurs n'adressent jamais aux artistes des demandes d'argent, même sous forme de *combinaisons commerciales!...*

Non..., leur unique désir est de potiner, critiquer, taquiner.

Aussi, on les voit d'un vendredi à l'autre, s'en allant criant, débinant, écrivant et mirlitonnant sur Pierre et sur Paul.

L'un disait un jour en parlant de la femme légitime d'un ami :

« Son épouse (*sic*) ».

Le mari allait le mettre en demeure de s'expliquer, lorsqu'on lui affirme que ce rédacteur d'occasion avait parfois la manie de parler nègre. Il en conclut alors qu'en disant épouse (*sic*) il avait voulu dire épouse (*chic*).

L'affaire en resta là, et mon ami m'a même prié (le jour où j'en aurais l'occasion) d'adresser tous ses remerciements à celui qui avait *Fabricé* l'article. Le moment étant venu : je m'exécute avec plaisir.

Personnellement, j'ai peut-être eu tort de ne pas cultiver les relations avec ces messieurs, j'aurais pu arriver à obtenir quelques lignes à la troisième page de leur petit *Fluteau*, puis aidé des louanges par eux adressées, il aurait pu se faire que j'arrivasse également à obtenir un superbe engagement dans un concert du quartier Cluny!...

La puissance de leur feuille doit au moins vous amener là!

Que voulez-vous, on n'est pas parfait! Pour un artiste, je suis trop bourgeois.

Je me suis endormi près des éloges adressés

par le *Temps*, le *Figaro*, le *Petit Parisien*, le *Petit Journal*, le *Courrier Français*, la *Cocarde*, etc..., etc..., et j'ai négligé le *Fluteau!*...

. . . .

Futur et *Fluteau*, *Fluteau* et *Futur*, vous me faites l'effet de rudes fumistes et je me demande si nous n'assisterons pas bientôt à la naissance d'un journal, véritable organe du café-concert, et s'appelant sincèrement :

La Vérité!

Pour que ce journal ait une valeur, il ne suffirait pas qu'il prenne *La Vérité* pour titre. Le titre peut avoir du bon, mais ce titre, il faudrait le justifier. Lorsqu'un chanteur ne vaut rien, ne pas dire qu'il est plein de talent.

Lorsqu'un artiste a du talent, ne pas dire qu'il ne vaut rien.

Lorsqu'un directeur est stupide et malhonnête, ne pas, pour avoir ses entrées dans l'établissement, parler constamment de son intelligente direction.

En un mot, ce qu'il faudrait dire, c'est :

La Vérité!

V

UN DÉJEUNER A BOIS-COLOMBES

UN DÉJEUNER A BOIS-COLOMBES

« Ah! puisque le temps a l'air de vouloir s'arranger... tu sais, mon vieux Perlot, que j'irai un de ces matins te faire payer, à Bois-Colombes, le déjeuner en question. Tu m'as si souvent parlé de ta maison, de ton jardin, de ta volière et de toutes les dépendances, que j'aurai un véritable plaisir à visiter tout cela.

— Mais... quand tu le voudras, mon cher Tapard, tu seras le bienvenu. Tu n'as qu'à te rendre là-bas un de ces jours. Pas besoin que je te donne mon adresse... c'est tout à fait inutile. En descendant du train, tu n'as qu'à demander Perlot, artiste, tous les employés de la gare me connaissent. Enfin, je te le répète, un de ces jours. Du reste, j'en parlerai à ma femme, qui sera enchantée de t'avoir un instant à la maison; par conséquent, c'est bien entendu... un de ces jours...

— Pardon, pardon, mon vieux Perlot, je trouve au contraire, que ça ne sera pas entendu du tout tant que tu me diras : un de ces jours!... je préfère que tu me dise catégoriquement : « viens tel jour. » De cette façon, je serai plus à mon aise. Je m'informerai de l'heure des trains pour l'aller et pour le retour. De plus, comme je ne connais pas Bois-Colombes, comme je n'y ai jamais mis les pieds, je te prierai de m'attendre à la gare, à l'arrivée du train... qu'en dis-tu?...

Voyons, c'est aujourd'hui vendredi. Je donne une nouveauté demain samedi. Dimanche nous avons une matinée. Lundi nous serons fatigués... veux-tu que nous mettions ça pour mardi?...

— « Va pour mardi », répond lentement l'excellent ami Perlot qui commence à la trouver mauvaise, mais Tapard a déjà sorti de sa poche un carnet orné d'un magnifique crayon à petit manche d'ivoire, il le mouille délicatement du bout de sa langue, puis inscrivant de nouveau sur le carnet : « Nous disons : Perlot, artiste, Bois-Colombes, quelle rue? quel numéro?

— Es-tu rasoir! je te dis que tout le monde me connaît, surtout depuis le dernier concert donné par la Chorale. J'ai eu un « tabac » monstre! Il y avait cependant des artistes de l'Opéra, de la Comédie-Française... Oh! la la!... tous dans ma poche, mon cher! alors, tu penses si je suis connu maintenant dans le patelin!..... »

Malgré ces détails, Tapard continue : « Nous disons... Perlot, artiste, Bois-Colombes, rue.....

— Ah! zut! à la fin! puisque tu viens mardi, que c'est entendu!... je ne te donne pas d'adresse et si tu as peur de te perdre, j'irai t'attendre au train. Voyons, tu partiras à 11 h. 5, tu arriveras à 25, nous serons chez moi à la demie et nous pourrons être à table à midi. »

Cette fois Tapard est content. C'est entendu, bien entendu pour mardi matin : départ à 11 h. 5, gare Saint-Lazare.

Oh! ce brave Tapard ne court certes pas après un déjeuner, — d'ailleurs il habite Paris, et lorsqu'on court après un déjeuner, on aurait tort de le poursuivre jusqu'à Bois-Colombes. — Les frais du voyage, ceux de la voiture ou des omnibus représentent largement le prix d'un bifteck aux pommes, fussent-elles soufflées; seulement, l'ami Tapard n'a pas depuis longtemps respiré l'air de la campagne. Engagé l'hiver à Montparnasse, l'été au Champ-de-Mars, il n'a pas perdu une seule soirée depuis deux ans.

La capitale le fatigue et il se réjouit rien qu'à l'idée de s'esquiver toute une journée entière. Il prendra le train, déjeunera chez un copain et ne rentrera à Paris que vers 6 heures du soir. Il se frotte les mains, a le cœur léger et chante ce soir-là avec plus d'entrain que de coutume. Malheureusement, comme nous dit le proverbe :

L'homme propose et Dieu dispose

et la joie de Tapard commence à être troublée lorsqu'il apprend le lendemain qu'il est question pour le mardi de la lecture d'une pièce nouvelle. — Cependant ce n'est qu'un bruit de coulisses; tant qu'il n'y aura rien au tableau, il serait bien simple de se faire du mauvais sang. Pourquoi, en effet, s'alarmer avant de lire l'avis écrit, et signé de la main du régisseur.

Le dimanche soir, rien encore au tableau.

Le lundi à une heure, rien. — Tapard éprouve un étrange besoin de voir quand même le régisseur, et commence par lui dire en souriant :

« Ah ! demain, je vais à Bois-Colombes. Je suis invité par Perlot, un vieux camarade. Connaissez-vous Perlot, mons...

La parole expire sur ses lèvres, car, au commencement de sa phrase, le régisseur a mis devant les yeux de Tapard une grande feuille de papier blanc, sur laquelle le malheureux artiste a pu lire :

Demain, mardi, à 1 h. 1/4 tout le monde pour la lecture de : *La po la po la pothéose !*

C'est un véritable coup de foudre.

Le pauvre Tapard est obligé d'appuyer sa main sur la porte de la régie pour ne pas s'affaisser sur l'étroit bureau de son régisseur.

Mais après trois ou quatre minutes d'amères réflexions, l'abattement fait place à l'indignation et d'une voix voilée par la colère, il s'écrie :

« Ah ! c'est comme ça ! Eh ! bien, je n'y serai

pas à la lecture. On n'a jamais un instant de repos dans votre boîte! J'en ai assez! Je ne veux pas me crever à la fin!... » Et, s'adressant au groupe de camarades qui viennent de sortir de leur loge :

« Mais, c'est la vérité, pas une minute de répit... rien!... Pour une malheureuse fois que je veux respirer l'air au dehors des fortifications, j'en suis empêché par une lecture pour laquelle ma présence n'a rien d'intéressant. Voyons, monsieur le régisseur, qu'est-ce que vous voulez que j'y fasse, moi, à votre lecture?... Si la pièce est bonne, je n'ai pas besoin d'être là, je m'en rapporte à vous; si elle est mauvaise, je ne pourrais rien y faire quand même je serais là. Allons, je vous en prie, laissez-moi ma journée de demain, et, si jamais vous avez besoin de moi pour n'importe quoi, comptez sur mon dévouement. Je n'oublierai pas votre gentillesse!... »

Mais le régisseur ne veut rien savoir. L'avis est au tableau, il y restera, et tous ceux qui manqueront auront 5 francs d'amende. Personne ne répond, excepté Tapard, qui vocifère : « Eh ! bien, on les paiera les 5 francs d'amende, mais, sûr, j'irai à Bois-Colombes demain. Je l'ai dit hier soir à ma petite chienne Miss, et ne serait-ce que pour elle je suivrai le programme que je me suis tracé depuis ma rencontre avec Perlot.

« Pauvre petite Miss ! C'est elle qui sera contente de courir demain !... (*chantant*) :

Dans les sentiers remplis d'ivresse !
Marchons ensemble à petits pas...

« Oui, ma belle, va, nous irons à Bois-Colombes et nous paierons les 5 francs d'amende... mais nous rigolerons pour notre argent. As pas peur ! Je connais Perlot, c'est un camarade; quand il invite... il n'invite pas souvent, mais quand il invite, il sait faire les choses convenablement ! »

Puis, se regardant dans la glace et faisant le malin en ajustant sa cravate :

« Bonsoir, messieurs, bon courage! pour demain. Amusez-vous bien à la lecture de : *La po la po*... je n'sais plus quoi?... moi, je vais à la campagne et j'emmène Miss. Nous avons tous deux besoin d'aspirer autre chose que l'odeur du gaz et les bâtons Dorin... »

Tapard se rend à son modeste logement. Laissons-le se coucher après avoir prodigué, tout en lui parlant, force caresses à sa petite chienne Miss, et occupons-nous maintenant du camarade Perlot, que nous avons laissé sur le boulevard très ennuyé de l'invitation que venait de lui arracher son vieux copain.

. . . .

Perlot est un garçon rangé.

Marié depuis près de douze ans à une excellente ménagère, ordonnée, courageuse et économe. Elle pousse même un peu à l'exagération cette dernière qualité; elle a des craintes pour l'avenir : si Perlot venait à perdre sa voix... que deviendraient-ils tous deux? Ils ne sont pas riches; ils ont à peine fini de payer la petite maison qu'ils possèdent à Bois-Colombes: petite maison que garnit un gentil mobilier également payé. C'est avec de l'ordre, beaucoup d'ordre, qu'ils sont arrivés à ce résultat. Il est vrai qu'ils n'ont pas de charge, pas d'enfant, pas de parent, ils sont seuls. Ah! pardon, j'oubliais Criquet. Criquet, c'est le petit griffon de Mme Perlot; c'est le gâté, c'est le chérubin de sa maîtresse. Il la suit partout, partout... le matin aux provisions; dans la journée... il fait autant de tours qu'elle dans l'appartement et lorsque Mme Perlot fait un peu de jardinage, Criquet se couche auprès de sa maîtresse dans les allées étroites du petit jardin. Aussi elle aime son Criquet! Elle converse avec lui, elle lui parle comme à un bébé et Criquet qui est un malin rend caresses pour caresses.

A table, Criquet a sa chaise avec un petit coussin bien moelleux. On ne servirait rien sans lui donner sa part et lui demander son opinion sur le goût de tel ou tel plat. Si Criquet se trémousse gentiment en opinant de la queue, vite on lui redonne encore du mets demandé. Au dessert, on lui permet parfois de faire une petite promenade sur la table et Criquet se permet alors de faire une rapide visite aux assiettes de ses maîtres.

Naturellement, cette licence n'est admise que lorsqu'il n'y a pas d'invités — mais avec les idées d'économies de Mme Perlot, les invités sont rares à leur maison de Bois-Colombes. Aussi était-ce avec une certaine appréhension que son mari aborda la question le soir de sa rencontre avec Tapard.

De Paris à Bois-Colombes, il préparait ses phrases ; il tournait et retournait cette question et se trouvait à la fin aussi embarrassé qu'au commencement.

Enfin, le soir, vers 6 heures on se mit à table et, tout en déclarant que le potage était délicieux, il dit à sa femme :

« Tiens, figure-toi qu'aujourd'hui à Paris, j'ai rencontré Tapard !...

— Tapard ?... reprend la femme, connais pas !

— Comment... connais pas... tu ne te souviens pas de Tapard ?

— Pas du tout !

— Ah ! elle est trop forte, celle-là ?... Tu veux me faire croire que tu ne te souviens pas de Tapard ?... qui t'a aidée un jour à monter dans l'omnibus du Louvre où tu venais de faire des achats, même que tu étais très embarrassée et que sans lui, je ne sais même pas si...

— Oh ! tu crois que je vais me souvenir de toutes les personnes m'ayant rendu un service si insignifiant ?... d'ailleurs, si tu étais moins égoïste, c'eût été toi, et non ton ami Tapard qui aurait dû m'aider à monter dans l'omnibus... mais non... monsieur ne pense qu'à lui, monte le premier et s'installe... que sa femme s'arrange comme elle voudra... il lui reste un conducteur généralement peu complaisant ou des Tapard... Tu m'ennuies avec ton Tapard !... je me demande un peu à quel propos tu viens me parler de lui.

— Allons, bon ! voilà maintenant que Tapard est un goujat parce qu'il a été complaisant avec toi !

— Mais encore une fois, je te répète, que s'il fallait enregistrer toutes les complaisances de ce genre, on n'en finirait plus. Au fait, admettons que Tapard est un charmant garçon... eh ! bien, tant mieux ! ça lui servira. Et maintenant, parlons d'autre chose. »

Perlot est extrêmement vexé, car véritablement l'attitude de son épouse n'a rien qui puisse l'engager à attaquer carrément la question. Cependant faisant un effort sur lui-même, il s'écrie en haussant la voix :

« Eh ! bien, non !... parlons de Tapard ! »

Sa femme qui se disposait à emporter le potage laisse échapper la soupière et, regardant son mari d'un œil inquiet, elle commence à se demander ce que signifie cette insistance au sujet d'un Tapard, dont on ne s'était jamais occupé jusqu'alors.

« Oui, continue le mari, parlons de Tapard, et nous ferons bien d'en parler, car il vaut mieux parler des honnêtes gens que de parler de la canaille, et pour un honnête homme, Tapard peut se flatter d'être un honnête homme. Je l'estime! je le considère! il y a tant de mufles dans ce métier, qu'on doit respecter ceux qui *se tiennent bien.* »

Et s'excitant de plus en plus, Perlot arrive à frapper du poing sur la table en déclarant que Tapard est un excellent camarade.

« Et je suis enchanté, conclut-il, qu'il ait bien voulu accepter pour mardi mon invitation à déjeuner... ouf! pensait-il!... » et il attendit.

Oh! il n'attendit pas longtemps. Sa femme qui, jusqu'alors, l'avait laissé parler, s'écria brusquement :

« Comment? quoi? que dis-tu?... Tapard ici, mardi?... déjeuner!...

— Eh! bien, oui, quoi... à déjeuner ici, mardi. En voilà une affaire! ne dirait-on pas que ça va nous mettre sur la paille pour une côtelette et deux œufs à la coque!... Parole d'honneur, tu es ridicule, ma pauvre Anaïs!...

— Ah! je suis ridicule!... Tu trouves que je suis ridicule!... non, je ne le suis pas, mais j'ai peur que nous le devenions. Quand nous n'aurons plus le sou, tu verras si tes camarades honnêtes ou non viendront t'en porter. Ah! je suis ridicule! c'est justement en donnant deux œufs à la coque et une côtelette, qu'on l'est ridicule! Tu as invité Tapard. Je sais ce que ça va nous coûter!... Tu veux poser au propriétaire, cela nous oblige à tenir notre rang et, par conséquent, à faire les choses bourgeoisement tout au moins. »

Et Anaïs commence à énumérer le menu qu'on pourrait bien organiser pour le déjeuner du mardi. Elle est orgueilleuse Anaïs! ça l'ennuie beaucoup d'avoir du monde à déjeuner, mais puisque le vin est tiré... Il faut que Tapard puisse le soir, au retour, raconter à tous les camarades de Montparnasse, la façon princière dont on est reçu à la propriété des Perlot.

La gaîté de Perlot est manifeste dès qu'il comprend que sa femme prend enfin son parti de cette nouvelle. Aussi en quittant Bois-Colombes pour se rendre à son Concert-Parisien, il lui fait une foule de caresses et de douces recommandations.

« Tu m'accompagnes jusqu'à la gare? couvre-toi bien, mon Anaïs chérie; ne va pas attraper froid et, au retour, prends bien le trottoir. Il y a une boue épouvantable sur la chaussée. Allons, au revoir, ma petite femme, à ce soir; je tâcherai d'arriver par le train de 11 h. 5 »... et déjà en route pour Paris, Perlot, la tête à la portière, criait encore :

« Adieu, mon Anaïs! »

Et aussi loin qu'elle put, sa femme le suivit

du regard, tout comme s'il partait pour un voyage autour du monde.

Ces gens-là s'aimaient bien à leur manière et à part l'étroitesse de leurs idées, ils étaient honnêtes, mais l'étroitesse, la mesquinerie ne devraient jamais germer dans l'idée du sujet qui se dit « artiste ».

Le couple Perlot eût été mieux à sa place derrière un comptoir d'épicerie.

* * *

Le mardi matin, à 8 heures, la chambre de Tapard était éclairée par un beau rayon de soleil, grâce à la précaution que l'artiste avait eue de laisser la veille les persiennes ouvertes.

« Ah ! quel beau temps ! dit notre ami en ouvrant les yeux. Regardez donc, ma petite Miss, regardez si la journée promet d'être agréable !... Allons, levons-nous... le temps d'être prêt, de nous rendre à la gare Saint-Lazare, etc... allons, ne nous amusons pas ! »

Mais la petite Miss tient au contraire à faire sa partie habituelle. Chaque matin sur le lit de son maître, elle saute, bondit, cabriole, et fait mille galipettes qui les amusent tous deux.

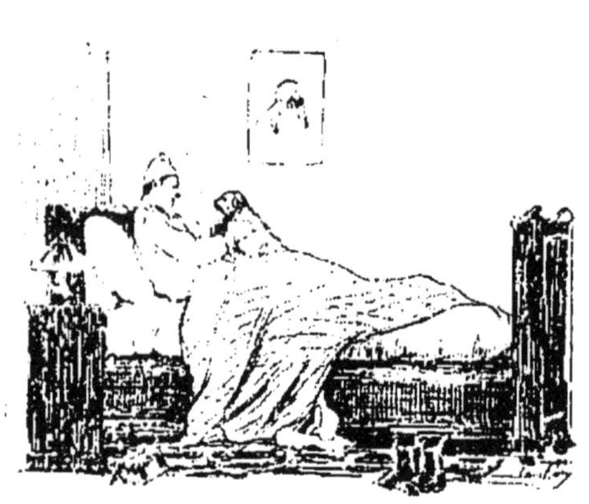

« Allons, tais-toi! lui dit Tapard, il faut se lever! »

Et tout en disant: « Il faut se lever! », il continue à jouer avec elle. Si bien que la pendule sonnait 10 heures lorsque Tapard sortait du lit. Il se débarbouilla et s'habilla précipitamment; vérifiant le contenu de sa bourse et n'y trouvant que 3 francs de menue monnaie, force lui fut de prendre dans un petit coffret, l'un des quatre billets de cent francs qui constituaient toutes ses économies.

Il descendit, en chantant, ses cinq étages, mais aussitôt dans la rue, consultant sa montre, il s'aperçut qu'il n'avait pas le temps de se rendre, à pied, à la gare Saint-Lazare pour attraper le train de 11 h. 5.

Ne pouvant pas non plus, avec sa petite Miss, prendre l'omnibus, il se décida à faire le sacrifice d'une course de voiture, et puis, pour une fois par hasard, il ne fallait pas y regarder de si près.

A 11 heures moins 10, la voiture s'arrêtait à la gare Saint-Lazare. Tapard régla le cocher et prit au guichet son billet et celui de sa petite chienne. Puis, comme il lui restait quelques minutes avant le départ du train, il en profita pour se rendre à Terminus, où il acheta une superbe langouste. « Ça fait toujours bien, pensait-il, de ne pas arriver les mains vides! »

Et, en effet, tenant la langouste de la main gauche et de la main droite tenant la laisse de Miss, notre ami Tapard regagna cette fois sa place dans le train, qui le déposait quelques minutes plus tard à Bois-Colombes.

Perlot attendait l'arrivée du train et faisait

les cent pas devant la barrière. Il avait endossé ce jour-là son costume de flanelle blanche, chemise et casquette *idem*, il avait voulu profiter du beau temps pour exhiber ce vêtement qui eût été plus à propos aux bains de mer ou dans une ville d'eau, mais Perlot sachant que Tapard ne connaissait pas Bois-Colombes, essayait évidemment de lui donner sur ce petit pays une opinion avantageuse. Il prenait donc l'allure du monsieur qui est chez lui, qui y jouit d'une certaine considération, et ce laisser-aller dans la tenue était une preuve de la certitude qu'il avait de cette considération. A Paris, il était un petit artiste, mais à deux pas, à Bois-Colombes, il devenait M. Perlot. Il était M. Perlot, le propriétaire. M. Perlot ayant des fournisseurs. Enfin, à Bois-Colombes, on comptait avec M. Perlot, et il tenait à ce que Tapard le sente, le comprenne. Il pouvait donc se permettre d'aller l'attendre à la gare en tenue légère. Il pouvait se permettre bien autre chose dans un pays qui lui appartenait. A Paris, on est à Paris;

à Bois-Colombes, pensait-il, on est chez soi.

« Ah! ce cher ami! s'écria-t-il en tapant familièrement sur l'épaule de Tapard, dès que celui-ci eut remis ses billets à l'employé qui se tenait à la sortie, comment vas-tu, mon vieux, depuis jeudi dernier? »

Avant de répondre, Tapard voulut contempler à son aise son camarade Perlot. Ce dernier, les deux mains dans ses poches de veston, fit un tour sur lui-même, et dit avec désinvolture :

« Tu vois, mon cher, ici pas d'étiquette; adieu le chapeau de soie, les bottines vernies, etc..., on remplace tout cela par la petite tenue que voici...

— Mais, sais-tu qu'elle est très chic ta petite

tenue! Elle embaume le patchouli. On voit que ta femme prend grand soin de tes affaires. Je t'ai senti dès ma descente du train. »

Et, riant aux éclats, les deux chanteurs se dirigeaient d'un pas léger vers la demeure de Perlot.

En passant devant chaque maison, l'*artiste-propriétaire* donnait à son camarade des renseignements sur ceux qui habitaient l'immeuble.

« Ici, c'est chez M. Untel... ; là, ce beau jardin, avec cette véranda, appartient à Mlle Lesbrouf, une cocotte qu'est au sac! ce chalet, couvert en tuiles rouges, est le pied-à-terre d'un type très chic. Je ne sais pas au juste ce qu'il fait, mais je sais qu'il est très chic. Il donne souvent des soirées. Je n'y suis pas encore allé, mais c'est une question d'occasion, pas autre chose. Si j'y chante une fois, j'irai ensuite tout le temps! Et maintenant, mon vieux, lève les yeux!... La première maison que tu vois au coin à droite, c'est celle de ton serviteur. »
Encore quelques pas, et le chanteur de Mont-

parnasse pouvait en effet lire sur une plaque scellée à l'une des colonnes du portail :

PERLOT

ARTISTE

Avant de pénétrer dans le morceau de jardin qui se trouvait à la façade de la maison, Tapard se croyait déjà obligé de commencer la série banale des compliments. Et les : oh! parfait! très bien! Oh! tu es très bien!... se succédèrent sans interruption jusqu'à l'arrivée de Mme Perlot.

Elle s'avança en souriant, son visage avait l'expression de la femme enchantée de recevoir un ami de son mari, et elle le remercia chaudement d'avoir accepté l'invitation de Perlot.

« C'est pour nous un énorme plaisir, cher monsieur, lorsqu'un ami sincère veut bien venir briser la monotonie de notre solitude.

Perlot est presque toujours absent et vraiment si je n'avais pas mon petit Criquet pour me tenir un peu compagnie, je crois, ma parole d'honneur, qu'il y a des jours où je mourrais d'ennui! »

Tapard qui écoutait attentivement la femme de son ami, venait tout à coup de ressentir un grand embarras. Mme Perlot parlait de son Criquet : que pouvait-être ce Criquet? Était-ce un chat? était-ce un singe? était-ce un chien? — Son ignorance cessa brusquement car un petit aboiement se fit entendre, et Mme Perlot s'écria :

« Tenez, le voilà! Le voilà mon Criquet. » Et elle s'apprêtait à le cajoler comme de coutume, lorsque Criquet se souciant fort peu de ses caresses se dirigea précipitamment vers Mlle Miss que Tapard eut juste le temps de lui ravir.

Ce n'est qu'à la suite de ce mouvement que Mme Perlot s'aperçut enfin de la présence de la petite bête, et, commençant à froncer le sourcil, elle dit à son invité :

« Ah! vous avez aussi un chien? et... vous l'emmenez partout comme ça?... ça doit vous gêner par moment...

— Pardon, Madame, ce n'est pas un chien... si c'était un chien, mon Dieu! ça vaudrait bien mieux, mais malheureusement c'est une chienne... une petite chienne qui en est seulement à son deuxième printemps, et ce deuxième printemps me donne encore plus de tracas que le premier. Il faut que j'ai l'œil sur elle, que je ne la perde pas de vue. Si seulement votre chien était de la même race, ça pourrait encore aller. Puisque nous nous préparons à nous amuser, nous pourrions les laisser se divertir un peu à leur manière; mais, malheureusement, ce croisement serait désastreux, et me voilà réduit à tenir Miss dans mes bras toute la journée, ou à vous prier de mettre Criquet dans une pièce à part. »

Mme Perlot étouffe de colère; elle lance un regard furibond à son mari. Celui-ci la regarde d'un air suppliant et lui dit doucement en passant tout près d'elle :

« Anaïs, sois raisonnable, je t'en conjure! »

Anaïs ne répond rien et se dirige vers la cuisine en criant d'un ton bourru :

« Allons, vous n'allez pas rester plantés là, je suppose. Quand vous voudrez déjeuner... c'est prêt!... »

Tapard s'est bien aperçu du froid jeté par la présence de Miss, mais comme il adore cette petite bête, et de plus comme il meurt de faim, il prend son parti de la mauvaise mine que peut faire Mme Perlot et répond en s'adressant à son ami :

« Ta femme a raison, allons déjeuner! Je t'avoue franchement que je me sens bien disposé. »

On entre dans le vestibule où Tapard se débarrasse de son pardessus, de son chapeau, bref de tout ce qui le gêne, mais il garde précieusement sa petite Miss qui prend place sur les genoux de son maître dès qu'il se met à table.

« Mme Perlot malgré les aboiements de Criquet se voit forcée de le laisser à la cuisine. M. Criquet, peu habitué à ce manque d'égards et éprouvant de plus une envie violente de faire sa cour à Miss, commence à faire un vacarme épouvantable et gratte vigoureusement à la porte de la salle à manger.

Perlot lui crie à toute minute :

« Veux-tu te taire, Criquet! veux-tu finir? Ah! la sale bête! si je me lève, tu vas voir!... Fais-le donc taire, Anaïs!... »

Mais Anaïs devient tantôt livide, tantôt cramoisie. Elle est à la torture! les plaintes de son Criquet lui labourent le cœur! Elle déclare qu'elle n'a pas faim et les hors-d'œuvre sont absorbés sans qu'elle y touche.

— Mangez donc quelques radis, madame Perlot.

« Mais non, monsieur, je vous dis que je n'ai pas faim!

— Cependant, lui dit Perlot, avant mon départ pour la gare, tu m'as recommandé de ne pas me retarder au retour, parce que tu te sentais un grand appétit. Allons, donne une pâtée à Criquet et sers-nous la suite. »

Criquet n'a pas aussi mauvais caractère que sa maîtresse. La scène qui vient de se passer ne lui coupe pas l'appétit et c'est avec frénésie qu'il se jette sur la bonne pâtée que vient de lui préparer Mme Perlot. Auprès de l'assiette, sa maîtresse a mis la chaise au coussin et M. Criquet se décide enfin à y prendre place pour digérer paisiblement son déjeuner.

Les nerfs de Mme Perlot s'apaisent; elle revient plus calme vers la salle à manger et dépose son plat au centre de la table.

« Ah ! ah ! s'écrie Perlot, j'espère, mon vieux, que tu aimes la langouste?

— Certainement, répond Tapard, mais je te ferai remarquer que ce n'est pas pour moi que...

— Comment, ce n'est pas pour toi?... Eh!

bien, tu en as de bonnes, toi?... T'imagines-tu que nous nous offrons tous les matins des langoustes de cette dimension?

— Je le pense bien! aussi, j'ai cru vous faire plaisir...

— En venant en manger ta part... et tu as parbleu très bien fait!... Allons, attaquons! Veux-tu la découper?

— Je veux bien, dit Tapard, le marchand m'a du reste expliqué comment il fallait faire : on allonge la langouste dans toute sa longueur; on lui plonge la lame du couteau entre les deux yeux et l'on fait ensuite suivre la lame jusqu'à l'extrémité de la queue. Tiens, comme ceci. »

Ayant fini son opération, Tapard ouvre la langouste en deux, et de chaque côté, apparaît la chair blanche et ferme de l'énorme écrevisse.

« Quelle fraîcheur! exclame Perlot.

— Oh! pour ça, dit Tapard, c'est une maison de confiance et je la recommande à ta dame lorsqu'elle ira à Paris.

— Ah! ça, que nous chantes-tu là?... une maison de confiance à Paris?... mais décidément, crois-tu que c'est à Paris que ma femme est allée acheter cette langouste? mais, mon cher, nous avons ici toutes les commodités, et, en s'y prenant un jour ou deux à l'avance pour faire ses commandes... »

Tapard commence à ne plus rien comprendre à ce que vient de lui dire Perlot. Il fait appel à sa mémoire pour arriver à se souvenir du moment où il a remis la langouste. Mais depuis sa descente du train, il s'est produit dans son cerveau tant de sensations différentes que les idées s'entrechoquent et finissent par s'embrouiller absolument.

La joie d'avoir quitté Paris, la surprise de trouver Perlot tout de blanc habillé, la curiosité de visiter la propriété d'un camarade, la présentation à Mme Perlot, l'affection exagérée que cette dame ressent pour son chien, le peu de sympathie qu'elle éprouve pour le chien des autres; enfin, le formidable appétit provoqué par un sensible changement d'air, en voilà plus qu'il n'en faut pour motiver l'état mental de l'invité.

Il constate simplement que sa langouste est délicieuse!

« Allons, finissons-la! lui dit gaîment Perlot.

— Je veux bien! et toujours avec un peu plus de poivre dans la sauce. » Et Tapard prend au bout de la lame de son couteau une provision de poivre qu'il se dispose à mettre dans le creux de son assiette. Mais à ce moment, Miss fait un brusque mouvement et relevant d'un coup de tête le bras de son maître, celui reçoit directement dans les narines la presque totalité du poivre destiné à l'assaisonnement.

Alors commence pour le pauvre Tapard une extraordinaire série d'éternuements, il se lève comme mû par un ressort, et porte des deux mains sa serviette au visage, pendant que sa petite Miss, qu'il avait jusque-là gardée sur ses genoux se trouve violemment jetée contre un des pieds de la table.

Perlot et sa femme commencent à rire de cet incident, puis voyant que les éternuements n'en finissent plus, ils en arrivent à s'esclaffer de cette mésaventure comique.

Madame Perlot est vengée.

« Ah! tu as voulu garder ta Miss?... marmotte-t-elle entre ses dents. Eh! bien, vas-y, mon vieux, vas-y, éternue tant que tu voudras maintenant. Que Dieu te bénisse et... elle aussi. »

Cependant la crise des éternuements touchant à sa fin, Tapard les yeux remplis de larmes éprouve une violente envie de se moucher; ne voulant malgré le cas spécial, se servir de sa serviette, il se dirige vers le vestibule et cherche précipitament son mouchoir dans les vastes poches de sa houppelande. Le mouchoir ne lui tombe pas sous le main, mais il trouve en revanche un paquet parfaitement ficelé; il sent un corps dur. Il tâte l'objet!... Et tout à coup, la mémoire lui revenant, il se précipite dans la salle à manger en criant :

« La voilà! La voilà! c'est la mienne!...

aussi, je disais bien... coupez... coupez la ficelle!... »

En attendant qu'on coupe la ficelle, chaque phrase est coupée par un éternuement. Cependant, son hôte a suivi le conseil, la ficelle est coupée, le papier développé et le contenu apparaissant, un cri de surprise s'échappe de la poitrine du ménage Perlot :

« Oh! la superbe langouste!

— Sans te froisser, Anaïs, elle est encore plus belle que la tienne! Oh! ce brave Tapard, va!... allons, ça va-t'y mieux? voyons, remets-toi et ne te chagrine pas, nous allons faire honneur à ton plat! »

Madame Perlot insinue doucement qu'il faut que le menu préparé suive son cours, mais son mari profitant de la leçon de Tapard a déjà coupé la langouste, et les deux amis, comme pour faire une farce, en prennent chacun la moitié dans leur assiette.

Anaïs les regarde et leur dit en souriant :

« Allons, vous n'allez pas faire les enfants?

vous n'allez pas vous rendre malades, je suppose? »

Mais déjà, soit par appétit, par plaisanterie

ou fanfaronnade, chacun vient d'attaquer sa copieuse portion et dix minutes après, l'intérieur de la carapace était absolument nette.

Tapard s'empressa de déclarer qu'il ne mangerait plus rien.

Anaïs prit assez facilement son parti de cette déclaration et servit le dessert, où figurait de belles poires.

« Les poires de notre jardin et... les premières de la saison, fit-elle remarquer. Goûtez-les, monsieur Tapard. Elles sont délicieuses! »

Tapard fut de l'avis de Mme Perlot et après la première, il en mangea une deuxième, puis une troisième.

« Ça fera couler la langouste, dit-il en riant. »

Mme Perlot faisait une drôle de tête en voyant ses poires disparaître ainsi! Des poires qu'elle avait pendant de longues semaines entourées de tous ses soins et en moins de cinq minutes les voir escamoter comme des muscades par ce Tapard! Cela devenait pour elle un spectacle pénible.

« Ah! maintenant, nous allons prendre le café », s'empressa-t-elle de dire, de crainte que l'invité de son mari finisse le contenu de la coupe aux fruits.

Tout en prenant le café, Tapard questionne son ami Perlot sur le genre de distraction qu'ils pourraient bien s'offrir dans l'après-midi.

L'artiste-propriétaire lui proposa le jeu de tonneau, et ils jouèrent tous deux un petit instant, assez cependant pour permettre à Perlot de constater que son copain était d'une maladresse inouïe!.. Aussi fut-il très gêné lorsque Tapard lui dit :

« Mais, à propos, j'ai vu des carabines dans ta salle à manger. Si nous faisions un carton, hein? qu'en dis-tu? faisons-nous un carton? Là, mon vieux, je suis sûr de prendre ma revanche, car ton jeu de tonneau... tu sais... on n'a pas tous les jours un jeu de tonneau pour se faire la main... tandis que la carabine, c'est une autre affaire!.. Allons, installe la cible, et va chercher tout ce qu'il faut : carabines, cartouches et cartons. »

Les deux copains prirent chacun dix cartouches et se disposèrent à jouer un apéritif pour le soir.

« Allons, je vais commencer » dit Tapard. Et loin de faire mouche, il n'attrapa pas le carton; sa balle ne toucha même pas la cible.

Perlot un peu effrayé, le regarda d'un air attristé et lui dit :

« Mon vieux, tu sais, je crois que tu ferais bien de poser la carabine... cela vaudrait mieux. Tu te fiches de ça, toi qui repars ce soir, mais moi, j'ai des voisins et ta balle a frangé le dessus du mur mitoyen. Justement nous avons là un vieux grincheux qui ne demanderait qu'une occasion pour nous faire arriver des ennuis. Il y a six mois on lui a tué son chat, et il s'est toujours imaginé que c'était nous. Alors, tu comprends, il y a des précautions à prendre avec des gens comme ça!..

— Va donc, va donc! reprend Tapard, tu t'épates pour rien! Tiens, tu vas voir... » Et armant de nouveau la carabine, il tire pour la seconde fois.

Perlot s'élance vers la cible pour y constater la place laissée par le passage de la balle, mais à ce moment plusieurs voix en furie se font entendre de l'autre côté du mur.

« Ah! canailles! ah! brigands!.. cette fois, ça ne sera pas comme pour le chat!.. vous ne pourrez pas dire que ce n'est pas vous!.. »

Et à la fin de cette phrase, on vit apparaître au bout d'une échelle le buste du vieux propriétaire voisin qui brandissait dans sa main droite le cadavre d'un superbe pigeon romain, dernier fait d'armes de Tapard.

. . . .

« Vois-tu! lui dit Perlot d'un air consterné, pendant que le tireur maladroit tenant dans ses mains la carabine encore fumante, cherchait à se soustraire à tous les regards, car le bruit de

la scène venait d'attirer Anaïs, et celle-ci demandait des explications.

Le propriétaire au pigeon la renseigna très brièvement, puis il descendit de son échelle et, quelques secondes plus tard, un violent coup de sonnette retentissait à la grille du jardin.

« Allons, messieurs, en route... devant le commissaire, nos explications auront plus de portée. »

Perlot pria, supplia, et Tapard essaya de tout arranger en avouant son extrême maladresse et en proposant le paiement du pigeon, mais le vieux grincheux ne voulut rien entendre. Depuis longtemps, il attendait sa vengeance; elle se présentait, il ne voulait pas la lâcher!

Cependant, il était 5 h. 1/2 et Tapard voulant repartir pour Paris vers 6 heures, il ne restait plus beaucoup de temps pour discourir. Aussi, prenant dans ses bras sa petite Miss, il s'adressa au vieux voisin et lui dit d'un ton impatienté :

« Eh! bien, monsieur, allons-y chez le commissaire... vous m'énervez à la fin! avec votre pigeon... je vous propose dix francs, je vous laisse le pigeon, et vous n'êtes pas satisfait?.. Avouez que vous aimez les discussions!.. et vous avez de la veine d'avoir pour voisin un garçon aussi paisible que mon ami Perlot, car si vous aviez eu affaire à moi, il y a longtemps que je vous aurai cassé la gueule!.. »

A cette apostrophe le vieux proprio, très coléreux s'avança vers Tapard et leva sur lui le cadavre résultant de son forfait. Mademoiselle Miss très contrariée par un semblable geste à l'égard de son maître, sauta d'un bond au nez du vieux méchant et le lui mordit avec violence.

Alors la scène se corsa, un tumulte indescriptible s'en suivit, et tout le voisinage fut en émoi.

« Chez le commissaire! chez le commissaire!.. » hurlait le vieux en essuyant de son mouchoir bleu le sang jaillissant des trous laissés par les crocs de Miss.

L'affaire était irréparable! Il ne fallait plus espérer calmer le vieux voisin. La foule s'amassait, et voyant le sang couler sur la figure du vieux, il y en avait qui commençaient à dire déjà : « qu'il fallait être bien lâche pour mettre un homme de cet âge dans un état pareil!.. »

. . . .

On arrive chez le commissaire.

Naturellement il n'y était pas! (Ils n'y sont jamais.) Le secrétaire se fit conter la chose. Explication bien inutile puisqu'il fallut recommencer lorsque le commissaire arriva, c'est-à-dire une heure et demie plus tard.

Dès son entrée dans le bureau, et avant d'interroger plaignant ou accusés, le commissaire fit remarquer à Tapard, qu'il aurait à déposer, avant de pénétrer dans son cabinet, le chien qu'il tenait dans ses bras.

Le pauvre Tapard s'attendait peu à cette cruelle séparation! Il se résigna cependant à déposer doucement sa petite Miss sur le coin de la banquette et suivit dans le cabinet de M. le commissaire Perlot et le vieux mordu qui commençait déjà ses vociférations, montrant d'une main le cadavre de son pigeon et de l'autre son nez couvert de sang.

Les explications durèrent plus de vingt minutes. Le commissaire finit cependant par se convaincre qu'il n'y avait pas eu voie de fait de la part de l'artiste, et celui-ci le supplia d'avoir à le relâcher pour pouvoir, disait-il, arriver à temps à sa représentation.

« J'ai déjà manqué la lecture d'une pièce, si je manquais la soirée, ce serait le comble! Je vous en prie, monsieur le commissaire, faites entendre raison à monsieur! » Mais le vieux persistait dans ses exigences; il voulait un procès-verbal; il voulait que l'affaire prenne de l'importance; il aurait voulu une condamnation sérieuse... de la prison, si c'était possible, non seulement pour Tapard, mais aussi pour Perlot, car s'il voyait en Tapard le tueur de pigeon, il continuait à voir en Perlot *le tueur de chat*.

Mme Perlot qui attendait chez elle le retour de son mari, trouvait que l'absence se prolongeait outre mesure. Il était maintenant 7 heures passées, et elle se demandait avec anxiété d'où pouvait provenir un tel retard? A 7 h. et 1/2 rien encore!... Alors, n'y tenant plus, elle ferma sa porte à double tour et, suivie de Criquet, elle se rendit au bureau du commissaire.

Le secrétaire lui apprit que ces Messieurs étaient encore dans le cabinet de M. le commissaire, et Mme Perlot, en attendaut leur sortie, se mit à donner une deuxième explication sur la façon dont les choses s'étaient passées.

Pendant son discours, Criquet ne perdait pas son temps, car, depuis son arrivée dans le bureau, il avait déjà, sans que sa maîtresse y prenne garde, fait mille tours gracieux auprès de Mlle Miss.

Tout à coup, on entendit un remuement de chaises dans le cabinet voisin.

L'affaire était arrangée : le vieux propriétaire gardait son pigeon et son nez endommagé, moyennant le versement de vingt francs pour l'un et dix francs pour l'autre. Soit en tout, trente francs, que Tapard venait d'extraire péniblement de sa bourse.

« Enfin, dit-il, c'est terminé!... Et maintenant, j'aurai de la chance, même en me dépêchant, si j'attrape le train de 8 heures pour me rendre à Montparnasse. » Et se souciant fort peu de l'étiquette, Tapard, passant le premier, ouvrit vivement la porte du cabinet et appela : « Miss!... Miss!... allons, vite! dépêchons-nous!... »

Hélas! mille fois hélas!... Miss n'était plus seule! Criquet, le fringant Criquet, s'était emparé de la pauvrette et c'était autre chose que sa bicyclette qu'elle venait de perdre dans le bureau du représentant de la loi.

Ce fut pour son maître, un véritable coup de massue!... Cependant... que faire?...

Il y a de ces situations... où il est impossible de brusquer les choses... c'était le cas!... Il fallut attendre patiemment la fin des événements!...

Quand ce fut fini, il était trop tard; le train de 8 heures venait de partir. Le pauvre Tapard ne put prendre que celui de 8 h. 35.

A la gare Saint-Lazare, il saute dans une voiture en jetant au cocher l'adresse de son concert et promettant un bon pourboire. Mais, malgré les efforts du cocher et ceux de sa rosse, il était près de 10 heures, lorsque l'artiste se trouva enfin à destination.

A la suite de son absence, le programme avait été changé, et le régisseur lui dit avec un méchant sourire :

« Vous avez eu tort de vous déranger ! Allez donc vous coucher tranquillement. *Mon spectacle* aura lieu sans vous !...

***

Le lendemain le tableau portait :

Tapard pour absence à la lecture........	5 fr.
Avoir manqué la soirée.................	20 —
Déduction d'appointements de ladite soirée	12 —
Total.......................	37 fr.

Tapard se met alors en devoir de compter à

combien lui revenait cette maudite journée. Et il fit la liste de ses dépenses pour en connaître le total.

Voiture le matin	2 »
Langouste	5 »
Billet aller et retour	» 75
Chien	» 80
Chez le commissaire	30 »
Voiture, retour	2 »
Perdu au concert	37 »
Total	77 55

. . . .

. . . .

A quelque temps de là, il recevait un billet ainsi conçu :

« Mon cher Tapard,

« Je n'ai pas eu le plaisir de te serrer la main depuis le jour où tu nous as fait l'amitié de venir déjeuner à la maison. J'espère cependant avoir ce plaisir la semaine prochaine, car, ayant une soirée de libre, je pourrai, si tu veux m'envoyer deux fauteuils, aller t'applaudir en compagnie de mon épouse.

« Je compte sur toi et te serre cordialement la main.

« Ton ami,

« PERLOT. »

Tapard ne put obtenir de son directeur les places demandées, et par conséquent ne les envoya pas.

Ce manque d'égards fut vertement relevé par Mme Perlot qui dit à son mari :

« J'espère qu'à l'avenir, tu ne m'amèneras plus ici des mufles de cette espèce; il vient se goberger, manger les œufs de nos poules, dévorer les plus belles poires de mon jardin; et, lorsque tu lui demandes deux places pour son concert, il fait le mort! Allons donc! c'est un goujat!... »

Pauvre Tapard! on lui reprochait un déjeuner... Un déjeuner qui lui avait cependant coûté 77 fr. 55 c., les reproches de sa direction, et... (je ne vous l'avais pas dit encore), une sérieuse indigestion de langouste!

Il est vrai, comme compensation, que deux mois après l'aventure, Mlle Miss donnait le jour à quatre petits monstres de chiens, dont les plus grands connaisseurs n'ont jamais pu définir la race.

. . . .

. . . .

Ne vous invitez donc jamais à dîner chez un *simple camarade*, habitant les environs de Paris, et avant d'accepter une invitation, attendez qu'elle soit faite avec insistance pour bien faire entendre à ceux qui auraient une tendance à l'oublier que c'est celui qui invite qui doit rester l'obligé.

VI

VIVE LA CAMPAGNE!...

A mon frère

EDMOND OUVRARD

VIVE LA CAMPAGNE!...

O rus quando te aspiciam!

Vive la campagne!...

Cette exclamation a le don de paraître étrange chaque fois qu'elle émane de la bouche d'un artiste.

Le public en général n'admet pas facilement que l'artiste puisse se soustraire à l'atmosphère capiteuse des théâtres, au bruit de l'orchestre, au feu de la rampe, au mouvement créé par la vie des coulisses auquel s'ajoute celui des boulevards et des relations établies dans ce monde spécial.

Cependant, l'artiste, autant que tout autre, plus que tout autre même, devrait demander à la campagne le repos moral dont il a souvent besoin.

Pour mon compte, je dois la vie à la campagne. C'est elle qui m'a sauvé alors que plusieurs médecins avaient considéré comme désespéré l'état de ma santé.

Mes lecteurs excuseront, je l'espère, cet élan de gratitude, et si, pendant quelques lignes, je les entretiens d'un sujet qui, en apparence, pourrait paraître déplacé dans un volume où le café-concert doit à chaque instant prendre la première place, c'est justement pour que mes camarades artistes tirent profit du conseil que je vais, dans l'intérêt de leur santé, me permettre de leur donner.

Il est absolument certain, il est absolument démontré que toute personne produisant toute l'année une forte dépense morale a également besoin tous les ans d'une dose de repos absolu.

Dans les lycées, les collèges, les pensions, voyez les élèves et leurs professeurs :

Deux mois de vacances, sans compter les fêtes de Pâques, Noël, jour de l'an, etc...

Voyez les employés de compagnies ou de grandes administrations :

Tous les ans un congé de plusieurs semaines.

L'artiste de théâtre ou de concert ne se repose pas. Il travaille moralement et constamment, soit chez lui, soit dans l'établissement où il est engagé.

Pour lui, pas de vacances, pas de fêtes, pas de dimanches. Ah! je fais erreur : il y a les fêtes et les dimanches, qui les gratifient de deux représentations au lieu d'une.

Et beaucoup d'artistes passent ainsi toute l'année et recommencent le premier janvier de l'année suivante; il ne s'arrêtent que par la force des choses... lorsqu'ils sont malades ou enroués.

Alors il faut garder la chambre dix, douze ou quinze jours. Et des artistes qui gagnent souvent des appointements énormes, prennent des airs désespérés en vous disant l'œil humide :

« Crois-tu, mon cher... quelle déveine! j'ai perdu dix jours le mois dernier!... crois-tu?... quelle tuile!... pense donc, je gagne 50 francs par jour... c'est une perte sèche de 500 francs!... Oh! c'est terrible!...

« Avec ces 500 francs, j'aurais pu payer mon tailleur... ou mon terme... ou me faire venir deux barriques de vin, ou m'acheter une bicyclette comme j'en rêve une depuis longtemps! »

Enfin l'artiste vous énumérera toute une foule de choses qu'il aurait pu faire avec ces 500 francs, mais il ne songera jamais à vous dire :

« Avec ces 500 francs, j'aurais pu aller prendre à la campagne un bon mois de repos!... » et ce repos lui serait certainement tout aussi profitable que sa bicyclette, mais l'artiste est peureux!... il craint de nuire à sa situation en s'éloignant un instant de son centre. Je connais ce sentiment, je l'ai éprouvé pendant des années, les premières de ma carrière, et j'avais bien tort, car c'est justement quand on n'a aucune responsabilité, quand on n'a pas de réputation, quand on passe encore inaperçu, qu'on pourrait en prendre à son aise..., puisqu'on ne fait pas attention à vous...

Or, bien des artistes passant inaperçus n'en gagnent pas moins 450 francs ou 500 francs par mois. Ce qui leur fait de 5 à 6000 francs par an. Et croyez-vous qu'avec cela, ils ne pourraient pas se payer tous les ans quatre ou cinq semaines de vacances?... Mais l'artiste est routinier. De plus, la lutte pour la vie se manifeste et rend les absences difficiles aux yeux de certains jaloux, car il faut bien le dire, l'artiste jaloux ne l'est pas à moitié; il en arrive à l'être de son ombre.

. . . .

Ayant débuté à l'âge de treize ans, j'atteignais ma vingt-troisième année sans avoir goûté le moindre repos.

Ah! je voulais arriver... et je piochais avec ardeur!... on ne m'a jamais vu fréquenter les cafés... mes camarades le savent.

Ne pas fréquenter le café, c'était peut-être bien, mais se surmener pour arriver, c'était certainement trop, car je voulais arriver et..., effectivement, j'étais arrivé à donner naissance à une magnifique dyspepsie qui, du premier coup, m'a tenu éloigné de la scène pendant onze mois!...

Je dis du premier coup, car, par la suite, j'ai eu des petites séries se chargeant de me démontrer que la dyspepsie est une de ces affections dont on ne saurait se guérir radicalement.

Cependant, au début de ma maladie, je compris de suite que j'étais gravement atteint et que, si le rétablissement venait, il serait bien long à venir.

Il y avait dix ans que je chantais. J'avais donc quelques ressources et ce qui restait de ma famille ayant quitté Bordeaux (ma ville natale) pour aller habiter Bergerac, c'est sur Bergerac que je dirigeai mes vues.

Trois semaines plus tard j'y achetais une gentille petite maison et je m'y installais. Mais j'étais si malade que tous ceux qui m'abordaient me considéraient comme perdu.

Cependant l'air vivifiant de la campagne fut pour moi d'un effet très satisfaisant, et le repos, ce repos qui m'était à mon insu si nécessaire, me fit surtout le plus grand bien.

Dès que mes forces me permirent de marcher, j'allais le matin faire quelques promenades dans la campagne, et elle est jolie, la campagne en Dordogne. Quel pays de Cocagne! quelle fertilité! comme elle sont gaies, ces immenses plaines toutes bordées de riants coteaux produisant des vins dont la générosité est partout réputée. Les vins de Bergerac!... Mais Bergerac n'a pas que ses vins; entouré d'une foule de petits pays charmants, de contrées giboyeuses, de ruisseaux poissonneux, le séjour y devient extrêmement agréable, et tous ceux qui ont l'occasion d'y venir ont hâte d'y retourner.

C'est ce qui m'arriva.

Dès que je pus reprendre mon travail, je ne tardai pas à m'apercevoir qu'en venant de guérir une maladie, je venais également d'en contracter une autre... c'était la nostalgie que j'éprouvais en pensant à ma chère campagne dès que je descendais du train, chaque fois que j'arrivais à Paris.

A tout instant, je revoyais devant mes yeux un coin de prairies où j'avais déjeuné sur l'herbe; un contour de vignes où j'avais tué un lièvre; la chute d'une cascade au bas d'un moulin, où j'avais pris des centaines de goujons; un ruisseau à l'eau claire et vive serpentant dans la prairie où je disposais mes balances pour capturer des écrevisses; enfin, une foule de choses attrayantes qui me faisaient risette et me murmuraient à l'oreille : « Dépêche-toi de revenir!... » Je me suis surpris parfois à regarder mon indicateur, dès le lendemain de mon arrivée à Paris, pour décider quel serait le train que je prendrais au retour.

Sans parler ici de mes qualités, je crois ne pas être paresseux, et, cependant, j'avoue qu'il

me fallait souvent faire appel à toute ma force de caractère, à toute ma raison pour terminer mes engagements avant de reprendre le train.

Alors, au lieu de prendre le train, je prenais la plume et je m'amusais à tracer (sous forme de calmant) des petites notes dans le genre de celles-ci :

DÉSIRS ET SOUVENIRS

Hommage

A MON ONCLE LOUIS CAILLOUX

Le maître, le doyen des chasseurs de la Dordogne

En chassant le gibier
Je chasse le chagrin.

E. O.

DÉSIRS ET SOUVENIRS

I

Saint-Agne, Monlédier, Courdepille, Pombonne (1),
Votre doux souvenir me rend le cœur dispos,
Car loin de vous, je souffre et le devoir l'ordonne,
Ici, c'est le travail ! Là-bas, c'est le repos !

II

C'est le repos ! pourtant sur la verte colline
Lorsque les chauds rayons du beau soleil d'été
Du vigilant chasseur rembrunissent la mine,
La fatigue naissait de tant d'activité.

(1) Le nom des petits pays qui environnent Bergerac.

III

Cette fatigue était pour moi bien salutaire !
Un appétit géant, voilà le résultat.
La dyspepsie alors n'avait plus qu'à se taire;
C'est à quoi je pensais, absorbant chaque plat.

IV

Oui, je revois toujours le ruisseau de *la Konne*
Où je pêchais gaiement avec l'oncle Cailloux,
Et nous tirions souvent, sans le dire à personne,
La buvette à l'endroit qu'on nomme *Réclaossoux*.

V

Plus haut, à *Saint-Germain*, le jour de l'ouverture,
Dans la plaine on entend nombreux coups de pétard,
Mais avant cette époque, on mange la friture
De grenouilles, qu'on prend en face de *Ricard*.

VI

Comment ne pas aimer tous ces sites superbes?
Puis quand de l'écrevisse arrive la saison,

A *Limbrac* traversant toutes les hautes herbes
Dans un petit ruisseau j'en prenais à foison !

VII

Mais alors le paysan n'est pas toujours aimable,
S'il voit qu'on foule aux pieds le fruit de son travail,
Avouons que jamais il ne se trouve à table
Pour manger ce qu'on prend dans balance ou tramail.

VIII

A la pêche, à la chasse, on est pur égoïste,
On passe sans souci des dégâts qu'on produit ;
Le chasseur le plus sage en suivant une piste
Fera du tort demain si ce n'est aujourd'hui.

IX

Expliquez-vous cela ? pour moi, c'est un problème !
Je ne suis pas jaloux et je deviens grincheux
Si, revenant le soir, même avec ceux que j'aime,
Je vois *Chou-blanc* pour moi, *Abondance* pour eux !

X

C'est à ma passion qu'il faudrait porter plainte.
Je suis chasseur ardent, bref j'ai le feu sacré !

J'oublie tous mes ennuis, je vous l'avoue sans feinte,
Au milieu d'un grand bois, d'une vigne ou d'un pré.

XI

Comprenez bien alors que dans la capitale
Où l'on respire un air qui semble empoisonné,
Souvent vers Bergerac, près ma ville natale, (1)
S'envolent les soupirs d'un pauvre emprisonné !

XII

Saint-Agne, Monlédier, Courdepille, Pombonne,
Votre doux souvenir me rend le cœur dispos,
Car loin de vous, je souffre et le devoir l'ordonne !
C'est ici le travail ! Là-bas, c'est le repos !

(1) Je suis né à Bordeaux le 5 juillet 1855.

Oui, j'adore les campagnes voisines de Bergerac, tout comme le Parisien aime les environs de Paris.

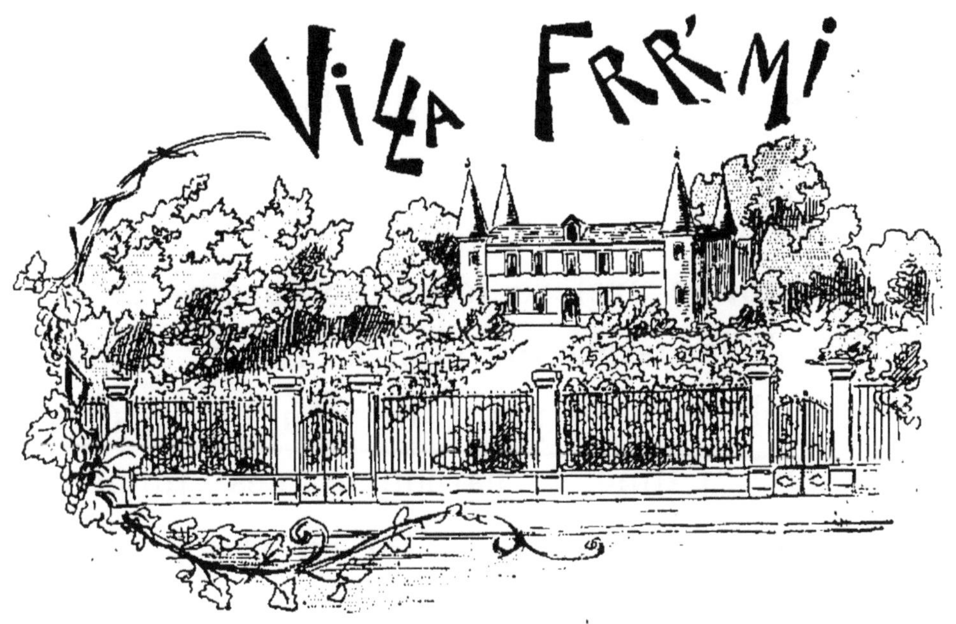

Cependant, il faut bien le dire : aux environs de Paris, on n'est pas à la campagne.

On retrouve dans les moindres détails le voisinage de la capitale.

Le dimanche, surtout, les promeneurs y sont en si grand nombre qu'on aurait tort de venir là pour y jouir d'une parfaite tranquillité.

Mais ceux qui aiment le continuel mouvement ne comprennent la campagne que comme cela.

La campagne avec du bruit, du vacarme même, les joyeux éclats de rire dans d'innombrables bosquets, les sautillants refrains jetés à tue-tête par la jeunesse des deux sexes, — voilà ce qu'ils appellent la campagne!...

Et moi je préfère le calme absolu. Ce côté triste de la nature me plaît à l'infini! J'aime le chant du coq au point du jour. Le fusil sur l'épaule, j'aime à parcourir ces immenses étendues de terrain, monter les vallons, redescendre dans la plaine, me perdre dans la profondeur des bois, seul, avec mon ami, mon vieil ami, mon excellent compagnon de chasse, mon brave chien, mon Argus.

ARGUS

Hommage à mon ami Louis Redon

ARGUS

I

Argus, au point du jour à tout prête l'oreille,
Mes moindres mouvements semblent le tracasser :
« Très matin, pense-t-il, si mon maître s'éveille,
Il aura sûrement le désir de chasser. »

II

Et ce franc compagnon des courses effrénées
Quête dans les guérets, arpente les coteaux ;
Il a dix ans. Jamais plus qu'en ces dix années
Je n'ai tué de lièvres, de cailles et perdreaux.

III

Son regard pénétrant, sa robe magnifique,
Son instinct surprenant font de ce chien si beau
A la villa Frr'mi (1) un ami sympathique.
Il est de plus soumis et doux comme un agneau.

(1) Le nom de ma propriété de Bergerac.

IV

Oui, doux comme un agneau, et près de ma fillette,
Le soir quand nous rentrons, sur sa petite main
Il pose gentiment sa douce et bonne tête
Et son regard mendie alors un peu de pain.

V

Ce sont ces mêmes yeux qui durant la journée
Poursuivant le gibier brillaient de mille feux;
Et maintenant, bien calme auprès de ma poupée,
Craignant de la brusquer, il prend un air peureux !

VI

Vrai ! ne pas témoigner à cette brave bête
Un brin d'attachement, serait peu généreux ;
Chacun de mes retours est pour lui une grande fête,
Ce jour-là, je le rends des chiens le plus heureux !

VII

Argus, tu peux aimer ton maître et ta maîtresse,
Qui, même au poids de l'or ne vendraient pas leur chien;
Nous aurons soin de toi, je t'en fais la promesse.
Aimes-nous sans compter... Nous te le rendrons bien !

La campagne, la vraie, offre seule le repos moral.

Que nos camarades organisent leurs engagements de façon à pouvoir y aller passer quelques semaines chaque année. Que pendant quelques semaines, ils cessent d'entendre parler musique, poème, manuscrit, représentation, répétition, visa, censure, et le bien-être qu'ils éprouveront, la béatitude de ce véritable repos faisant naître pour le retour une énergie nouvelle, leur permettront de reprendre avec ardeur le collier de force.

Alors contents de leur décision, satisfaits du courage dont ils se sentiront envahis, ils s'écrieront comme moi :

Vive la campagne!...

VII

ÉCONOMIES

ÉCONOMIES

Oh! ces artistes!... plus ils en gagnent, plus ils en mangent!...

Voilà une phrase qui m'a souvent écorné les oreilles!...

Remarquez que ce sont justement les gens qui grugent ou qui essaient de gruger les artistes qui la prononcent le plus souvent.

Je trouve donc que ceux-là feraient mieux de dire :

— Oh! ces artistes! plus ils en gagnent et plus *on leur en mange!*...

C'est exact.

Plus l'artiste gagne d'argent et plus il doit

s'attendre à contenter l'appétit de tout un tas d'affamés qui ne cessent de l'entourer.

Si l'artiste ne gagne que juste de quoi vivre, on le sait, et cet artiste n'est alors pas tracassé; il jouit en quelque sorte de la situation créée par l'absence ds gros appointements.

Tout comme le grillon, *qui vit heureux parce qu'il vit caché*, l'artiste qui peut s'effacer vit à sa guise, humblement, c'est possible, mais dans ses petits moyens, il vit comme il l'entend.

Celui qui perce sent au même moment percer les exigences de sa nouvelle situation.

Tel artiste qui, gagnant 500 francs par mois, trouvait le moyen de mettre 200 francs par mois de côté, trouvera-t-il, maintenant qu'il gagne *1,000 francs par mois*, le moyen de continuer à vivre avec 300 francs et de faire au lieu de 200 francs, 700 francs par mois d'économies?...

Non, je ne le crois pas!

Je dirai même que c'est impossible! car cet artiste n'est pas seul à savoir qu'il gagne maintenant le double d'appointements. Tout l'entourage le sait et la façon de faire qu'on admettait alors que cet artiste gagnait 500 francs, n'est plus possible à présent qu'il en gagne 1,000. On le ridiculiserait, et, comme les artistes ont de l'amour-propre, ils préfèrent vider leurs poches que d'imposer des sacrifices à leur fierté.

Si l'artiste devient étoile..., ce sont alors de continuelles distributions d'argent sous forme de pourboires, de gratifications, de collectes, de prêts... que sais-je?...

L'artiste étoile étant en vue de tous, occupant partout où il passe la vedette des affiches, ne peut déposer un pied dans une ville quelconque sans qu'immédiatement on lui remette une foule de lettres commençant ainsi :

« Monsieur,

« Connaissant votre bon cœur, je prends la liberté de m'adresser à vous pour... etc., etc... »

L'artiste étoile voyageant en province est guetté au passage et poursuivi jusqu'à l'hôtel.

Il est obligé de s'entourer de précautions, de défendre catégoriquement la porte de sa chambre s'il veut le matin prendre un peu de repos, sans quoi les plus audacieux pousseraient le cynisme jusqu'à venir à son chevet pour lui adresser des demandes d'argent.

L'étoile fait autour d'elle naître des malhonnêtetés. On dirait que l'argent gagné par elle appartient à tout le monde, et bien des gens se croient excusables en ayant fait payer cinquante francs ce qui en vaut trente, lorsqu'ils ont prononcé cette phrase dont on peut conclure toute l'élasticité :

« Oh! il gagne bien assez d'argent! »

En mille circonstances on entend ce refrain. Si bien que par la force des choses, l'argent de l'étoile n'a plus pour elle la même valeur, car ce surcroît d'appointements appartient en quelque sorte à d'autres qu'à elle!... Ah! vous parlez d'économies... On vous traite d'avare, de ladre!....

L'étoile, allant en représentations et ne donnant que deux ou trois soirées dans chaque ville, est victime alors d'exigences sans fin! C'est le souffleur, c'est le bibliothécaire, le

garçon de théâtre, le concierge, jusqu'aux machinistes! Il faut que tout le monde ressente les douceurs du passage de l'étoile. C'est une affaire entendue. C'est à croire que l'étoile a quitté Paris uniquement pour faire 150 ou

200 lieues et aller distribuer en province le fruit de son labeur. Ça finit ici ce soir et demain ça recommence autre part.

Paul demande à Jules :

« Combien t'a-t-il donné?

— Vingt francs.

— Vingt francs!.. tu as de la veine! A moi, il ne m'a donné que cent sous!.. C'est un pingre!..

— Pour sûr! ajoute Pierre... Quand on gagne l'argent si facilement!.. »

Ah! le voilà lâché le grand mot :

... Quand on gagne l'argent si facilement!..

Ces gens sont stupéfiants, ma parole d'honneur!.. Ils ne voient absolument dans le travail de l'artiste que le laps de temps qu'il passe en scène.

Ceci me rappelle l'aventure d'un richard ayant une douloureuse opération à subir; et cette opération, grâce à l'adresse incomparable du chirurgien ne dura que cinq minutes, alors qu'elle aurait pu en durer vingt.

Cependant, quand le chirurgien remit la note de ses honoraires, notre homme se fâcha tout rouge en prétendant que l'on voulait abuser de sa situation de fortune et que c'était une infamie d'oser demander *deux mille francs* pour une opération qui avait à peine duré cinq minutes.

Il ne se doutait pas, ou ne voulait pas se douter, que ces cinq minutes employées de la plus adroite façon étaient le résultat de vingt années d'études et de pratique et, si le résultat a son mérite, le travail des études a sa valeur.

Eh! bien, pour l'artiste, c'est un peu la même chose. Il vous intéresse un quart d'heure. Mais pour arriver à ce que pendant un quart d'heure l'intérêt soit soutenu, il a une préoccupation constante.

Le matin, dès qu'il a l'œil ouvert, il pense à sa représentation du soir ; il vit avec cette idée qui ne le quitte pas. Il repasse ses rôles ou ses chansons sachant que souvent on peut trouver des effets nouveaux, inattendus.

Si l'artiste donne une nouveauté, s'il fait une création, il ne s'appartient plus. Il ne vit plus jusqu'après l'audition première de cette création. Le soir de la première, il ne peut manger, il éprouve à la gorge un embarras nerveux semblable à l'effet que produirait une boule de coton. Il a des vertiges !

Tout cela est remplacé par une gaîté folle, exagérée, le soir, à minuit, après la représentation, si la création qui a donné tant de craintes, tant d'appréhensions, est un succès qui s'ajoute au répertoire de l'artiste.

Appelé par vocation à divertir ses contemporains, l'artiste appartient au public. S'il a des peines, le public ne doit pas le savoir; s'il souffre, le public ne doit pas s'en apercevoir. Le public paie sa place pour se distraire et non pour venir s'apitoyer sur les malheurs de celui qui doit au contraire motiver sa distraction.

Mais, si l'artiste est souvent obligé d'aller chanter quand son cœur pleure;

S'il est obligé de faire rire les autres, alors qu'il souffre d'une violente migraine ou d'une rage de dents;

Ne venez pas me dire qu'il gagne son argent facilement!..

S'il est désespéré de ne pas trouver, malgré son ardent désir de les apprendre, des nouveautés pour offrir au public;

Ne venez pas me dire qu'il gagne son argent facilement!

Si, au lieu de dormir, il passe sa nuit à apprendre ce qu'il doit vous interpréter le lendemain,

Ne me dites pas qu'il gagne son argent facilement.

Quand il se tue pour atteindre le sommet d'une réputation, il n'y arrive pas facilement.

Quand il fait des efforts surhumains pour *éviter d'en descendre*.

Il n'y parvient pas facilement.

. . . .

Tous ceux qui s'imaginent que l'artiste n'a qu'à se laisser vivre.., se trompent grossièrement.

Tous ceux qui s'imaginent que l'artiste peut faire les économies que toute autre personne ferait avec les mêmes appointements se trompent de même.

Un millionnaire est moins connu qu'une étoile de théâtre ou de concert, car il y a plus de millionnaires que d'étoiles. Un millionnaire peut dans ses dépenses s'astreindre à des restrictions qui deviennent matériellement impossibles à l'*artiste en vue*.

Or, les conseilleurs, avant de crier aux artistes :

« Faites des économies!..

— Faites des économies!.. »

Devraient avant tout s'occuper de savoir jusqu'à quel point il est possible d'en faire.

Certainement, il n'est pas nécessaire de tout dépenser, mais sachez bien que dans le métier d'artiste, la force des choses rend les économies *très difficiles*.

En général, on s'imagine que si les artistes n'amassent pas une fortune en rien de temps, c'est parce qu'ils n'ont pas d'autres éléments que la noce, l'orgie, le champagne, etc..; voilà encore une grosse erreur.

L'artiste ne peut pas faire la noce. Je parle de l'artiste et non du bohême.

Si l'artiste faisait la noce, il ne durerait pas longtemps. On ne peut pas être organisé à la fois pour la noce et pour le travail.

Donc, l'artiste ayant une personnalité ne peut pas être noceur, et c'est justement puisqu'il n'est pas noceur qu'il s'occupe de son affaire.

Le succès, la réussite de nos chansons a pour nous autant d'importance que peut avoir, pour un gros banquier, le succès d'une opération financière.

La noce est bannie du programme. Ce n'est donc pas elle qui nous ruinera.

(*Conclusion*).

Si les artistes riches ne se comptent pas par centaines, c'est parce qu'il est très difficile de faire de sérieuses économies, je veux dire des économies paraissant en rapport des appointements.

VIII

QUESTION D'APPRÉCIATION

QUESTION D'APPRÉCIATION

L'Art

« L'art est un, il n'y a pas le grand art et le petit art. Pour faire de l'art, il faut être artiste et il y a de véritables artistes au café-concert. »

Oui, n'en déplaise aux amateurs de grandes œuvres, on peut faire de l'art au café-concert. Si le mérite n'en revient pas toujours à l'auteur, il en revient à l'interprète.

Il ne faut pas juger le talent de l'artiste à la grandeur de l'œuvre qu'il est chargé d'interpréter. Car alors c'est celui qui interpréterait l'ouvrage le plus grand qui se trouverait avoir le plus de talent. Ce serait exactement comme si l'on disait que, plus un tableau est grand, plus grande est sa valeur artistique!...

A ce compte-là, une mauvaise chanteuse n'ayant ni jeu, ni voix, ni diction, ni maintien viendra vous chanter la *Juive* ou l'*Africaine*..., elle fera quand même du grand art!...

Tandis que Mme Yvette Guilbert ou Mme Judic viendraient vous dire d'une façon exquise une simple chansonnette, elles feraient du petit art!...

La chanteuse d'opéra pourra vous écorcher les oreilles..., elle fait du grand art.

Elle ne suivra en rien l'idée de l'auteur, elle ne déploiera pas le moindre sentiment, ça ne fait rien, elle chante l'opéra; elle fait du grand art!...

Yvette Guilbert détaillera à ravir une historiette composée seulement de trois ou quatre couplets. Elle fera ressortir les moindres nuances, elle tirera la quintessence de chaque situation; mais, comme c'est une chansonnette, une blague, une futilité..., l'interprète ne peut être prise au sérieux : elle ne faisait pas de l'art!...

Décidément, il y aurait alors avantage pour l'interprète à se draper dans le talent de l'auteur, et j'ai souvent assisté à des représentations où l'annonce d'une poésie de Victor Hugo plongeait immédiatement le public dans un recueillement qui n'était troublé qu'à la sortie de l'artiste par les applaudissements de cet auditoire qui aurait peut-être chuté le même artiste ayant à faire passer une chansonnette moderne.

Je ne cherche pas à prouver qu'il est plus difficile de faire passer les petites choses que les grandes œuvres... Non!... ne tombons pas dans l'exagération. Mais j'estime que la question de l'œuvre doit disparaître lorsqu'on parle de l'artiste, et je me sentirais bien certainement défaillir si l'on me disait brusquement, même en me promettant un énorme cachet, qu'il faut que je puisse doubler demain, à la Comédie-

Française, un artiste quelconque dans *Hernani*.

Croyez-vous que je serais assez ridicule?

Assez à côté?... Je donnerais positivement à mon sujet une allure des plus grotesques! c'est entendu.

Mais, vous imaginez-vous qu'en changeant les rôles, si vous disiez à l'artiste de la Comédie-Française d'aller me remplacer à La Scala pour chanter : *Ah! la pauvre fille!* ou *Oh! aïe! aïe! ma mère! Oh! aïe! aïe! papa!...* il se trouverait bien dans son élément?

Croyez-vous que pour l'un, la tâche serait plus commode que pour l'autre?... Non!... Chaque artiste doit suivre sa nature et se montrer avec les moyens que cette nature lui a donnés.

L'acteur qui n'a pas de nature n'est pas artiste.

Cette comparaison peut paraître outrée, cependant je ne sors pas de la question. Je ne fais que comparer un artiste à un autre artiste. Je ne vous parle pas de l'ébéniste faisant un joli meuble, du cordonnier faisant une très jolie paire de bottines et qui, lorsqu'il vous les remet, n'oublie pas de vous dire en souriant : « Vous voyez, que moi aussi, je suis artiste dans mon genre!... » Non! je compare deux artistes, se produisant *sur la scène*, gagnant les faveurs d'un public en faisant valoir leurs qualités, arrivant à une situation plus ou moins belle avec le même genre de vie, venant au feu de la rampe, chaque soir, et si tous deux ont du succès, si tous deux se sont fait une réputation, si cette réputation a été durable et méritée, pourquoi admettre que l'un a du talent et que l'autre n'en a pas?

Je vous répéterai donc que l'art est un: « Il n'y a pas le grand art et le petit art. Pour faire de l'art, il faut être artiste, et il y a de véritables artistes au café-concert!... »

Le Théâtre et le Concert

Elle est bien différente, l'impression que peut produire le même artiste sur l'un ou l'autre cadre.

Cependant, jusqu'à présent, on a vu peu d'artistes de théâtre faisant florès au café-concert, tandis que chaque fois qu'un artiste quitte le café-concert pour aller au théâtre c'est qu'il est convenu d'avance qu'il y occupera une des premières places.

Dans l'armée, la cavalerie a toujours professé un léger dédain pour l'infanterie.

Ce dédain chez l'artiste de théâtre s'est longtemps manifesté pour l'artiste de concert; mais de nos jours, cette tradition est morte. Les préjugés sont effacés; l'artiste de théâtre a eu, en maintes circonstances, l'occasion de se rendre à l'évidence et ses confrères du café-concert jouissent de sa considération.

Aujourd'hui, les uns et les autres se réunissent aux mêmes représentations, aux mêmes bals, aux mêmes fêtes, se retrouvent dans les mêmes salons. Cela ne prouve pas que le théâtre décline : cela prouve que le concert progresse..., et c'est ainsi que beaucoup d'artistes ont eu la chance de produire au théâtre leur répertoire de café-concert. De là, beaucoup ont cru pouvoir conclure que le théâtre offrait plus de facilités. C'est une erreur. Car un numéro de chansons intercalé dans une pièce n'a rien de commun avec la pièce elle-même.

Au théâtre, dès le lever du rideau, on joue la comédie. Alors, si vers dix heures arrive une artiste originale faisant un numéro de café-concert, cette diversion est absolument intéressante pour le public qui concentre un instant toute son attention sur *cette seule artiste*, au lieu de suivre comme il l'a fait depuis le commencement de la soirée l'ensemble d'une pièce.

Mais que cette artiste donne ce même programme dans un café-concert; oh! alors, la question change absolument, car ce numéro de chansons viendra à la suite d'autres chansons et cela dure ainsi depuis le lever du rideau. Un monsieur sort, une dame fait son entrée et après la dame un autre monsieur, après le monsieur une autre dame. Le tour de chant n'est plus alors préparé comme dans une pièce de théâtre.

Voilà toute la question.

*
* *

Au théâtre, le public n'a qu'à écouter l'artiste; il n'est pas distrait par autre chose, et l'artiste n'a pas, comme au café-concert, à subir le va-et-vient des garçons, le bruit continuel du service, l'arrivée à toute heure des spectateurs, et enfin la fumée, la terrible fumée!...

Pour arriver à satisfaire un public de café-concert et répondre à ses exigences pendant des années, je vous certifie qu'il faut un rude tempérament.

Les Chansons de Café-Concert

Il y a plusieurs genres de chansons :

La chanson spirituelle;
La romance banale;
Les inepties;
Les refrains et scies populaires.

La chanson spirituelle a perdu récemment l'un de ses meilleurs auteurs en la personne de René Esse.

Parmi les véritables chansonniers modernes restent :

Pradels, Jouy, Gerny, Xanrof, Bruant, Meusy, etc...

Bien que spirituelle, la chanson moderne n'est pas du goût de tout le monde; il lui faut souvent un public spécial, car elle est parfois construite sur l'actualité. Cette actualité peut ne pas être connue de tous et, lorsque cette chanson a vieilli, on n'y comprend plus grand chose.

Nos chansonniers auront raison en faisant autant que possible de bonnes chansons pouvant se chanter partout et toujours, comme s'appliquent à le faire Queyriaux et Chicot.

Ceux qui, à tort ou à raison, se croient poètes ont un grand faible pour la romance, pour cette romance qui est toujours la même, et s'imaginent s'être montrés éloquents et érudits, lorsque, pendant quatre couplets, ils auront fait rimer :

Printemps avec vingt ans;
Ruisseau avec arbrisseau,
et
Ramage avec bocage.

La romance banale est à la portée de tous, et, de nos jours, on aurait tort de se glorifier d'en avoir composé quelques-unes, car cela peut-il bien s'appeler composer? lorsque vous répétez des phrases éditées déjà mille fois.

Pour qu'il y ait composition, il faut qu'il y ait trouvaille, et vous ne trouvez rien de bien nouveau dans une romance en parlant du printemps, des fleurs et des oiseaux, ou bien :

De vos amours
Qui dureront toujours

Non, la romance banale n'est pas intéressante, elle est maintenant trop en arrière. Elle n'est cependant pas aussi agaçante que l'*ineptie*.

C'est l'ineptie qui domine souvent au programme du café-concert.

L'ineptie, cette chanson qui ne signifie rien, absolument rien, et qui laisse à la fin de ses couplets le spectateur aussi mal renseigné qu'au commencement de la première phrase, C'est en général la chanson de « la Petite femme » qui entre dans la carrière, et certains conservatoires de boîtes à musique se font un métier de grossir, avec l'*ineptie*, le bagage musical de toutes nos aspirantes étoiles.

On en entendra encore longtemps, des inepties; la graine en est répandue et les semeurs n'ont pas été avares.

Il n'en est pas de même pour le *succès populaire*, car, malgré ses milliers d'auteurs, Paris passe souvent la moitié d'une année sans posséder son refrain à la mode.

Le *refrain populaire* possède une grande valeur et cependant il se glisse dans l'idée de bien des gens une confusion regrettable en ce qui concerne l'*ineptie* et le *refrain populaire*.

L'ineptie est absurde puisqu'elle ne signifie rien. Le refrain populaire a déjà le grand mérite de l'être devenu... *populaire*. Et remarquez bien que si ce refrain est devenu populaire, c'est évidemment parce qu'il possède ce qu'il faut pour ça, soit une phrase positivement drôle, soit une coupe originale, soit enfin une musique gaie et entraînante genre Émile Spencer. Car il est bon de dire que la musique est souvent pour beaucoup dans la popularité d'un refrain. Mais que ce soit l'une ou l'autre cause, le refrain populaire renferme une valeur, une trouvaille. Et n'en déplaise aux faiseurs de romances, aux poètes aux cheveux longs.., le difficile, le voilà : c'est de faire une trouvaille... Je le prouve en pariant que si l'on s'adressait demain aux quatre mille auteurs qui composent notre société et qu'on leur dise :

« Dans deux jours, il nous faut une romance ! » Tous répondraient : « Vous l'aurez ! » Mais, par exemple, si au lieu de deux jours, vous leur en donnez *huit*, pour vous porter un refrain populaire, un refrain que tout Paris devra chanter un mois après... Oh ! alors, vous verrez la figure qu'ils feront !... pas un ne voudra s'engager à vous fournir cela.

Chacun essaiera, fera de son mieux et vous dira :

« Vous comprenez, je ne réponds de rien... il faut voir ça devant le public... on ne peut pas savoir, etc.., etc...

Donc, messieurs les grands auteurs, soyez plus indulgents pour la scie ou refrain en question et ne roulez plus de gros yeux lorsque vous vous trouvez en présence de l'heureux possesseur de ce genre de succès, car votre attitude loin de manifester le dédain, nous démontre au contraire la contrariété que vous éprouvez d'être incapables d'une trouvaille!.. Eh! oui, d'une trouvaille? Tout est là!..

Dans la chanson de café-concert, c'est du mérite de faire une trouvaille quand on songe que les chansons déjà faites se comptent par centaines de mille!..

De plus, nos bons chansonniers ne dédaignent pas la scie. René Esse en avait fait sa part, Jules Jouy et Gerny n'en font pas lorsqu'ils n'en trouvent pas, sans cela, je vous certifie qu'ils ne détestent pas les succès populaires. N'est-ce pas une trouvaille que d'avoir fait :

C'est ta poire, ta poire, ta poire,
C'est ta poire qu'il nous faut!

alors que tout le monde connaissait :

C'est à boire! à boire! à boire! (etc.)

Oh! j'admets que c'est peu de chose, mais il fallait le trouver.., et voilà un refrain qui a fait pendant un an la joie du public en général et de Paul Bourgès en particulier.

Paulus lui-même a dû une large part de son immense succès à la popularité de ses refrains, succès de musique, possible.., mais je le répète, s'il y a popularité, c'est qu'il y a quelque chose aussi bien pour le refrain que pour la scie.

Autrefois, j'ai créé le *Bi du bout du banc!* — Si j'avais dit simplement le *bout du banc*, il n'y aurait pas eu trouvaille.

De même pour la *Pauvre fille...*

Ah! la Pauvre fille... n'aurait pas dit grand chose. Nous avons dit : *Ah! la pau la pau la pau la pauvre fille!...*

La voilà, la trouvaille!..

Oh! il ne faut pas longtemps, messieurs les grands auteurs; moins de temps peut-être que pour les belles romances que vous faites. Seulement, voilà, il s'agit de trouver, et ceux qui fabriquent uniquement la *romance* ne sont pas forts pour les découvertes.

LES GRUES DU MIDI

LES GRUES DU MIDI

« Qu'est-ce que vous êtes, mademoiselle?
— Monsieur, je suis artiste lyrique!... »

Et ce qu'il y en a de ces artistes lyriques dans le Midi... vous ne pouvez vous en faire une idée! C'est là que ce titre est fourvoyé!... Ce sont des filles de la rue ou de brasseries, ne sachant, le plus souvent, ni lire ni écrire et possédant un *atccent* extravagant, horrible!... qui vous làchent cette réponse :

« Je suis artiste lyrique!... »

Comment le sont-elles devenues?

Simplement en voyant chanter les autres et en prenant des leçons pendant huit jours.

Pourquoi le sont-elles devenues? pour affranchir leur ennuyeuse situation de filles soumises en se servant désormais du tremplin comme d'un bouclier, les garantissant des coups portés par la police.

J'ai dit qu'en général elles ne savaient pas lire. Comment font-elles pour apprendre leurs chansons?...

C'est bien simple :

Marie retient celles qu'elle entend chanter par Jeanne, et Jeanne retient celles qu'elle entend chanter par Marie. Si bien que vous pouvez faire toute la ligne de Bordeaux à Cette, et vous pouvez même pousser de Cette à Marseille, vous arrêtant sur tout votre parcours dans tous les cafés-concerts, de deuxième et troisième ordre, vous êtes certain d'entendre partout le même répertoire.

La composition de la troupe est également la même partout :

Douze femmes et un comique.

C'est quelque chose de pénible que de voir cette défilade de filles blondes, rouges ou brunes venant l'une après l'autre lever la jambe de la façon la plus maladroite en vous débitant, avec

leurs voix éraillées, les lambeaux de refrains qu'elles sont parvenues à retenir.

Cependant, elles *sont artistes !*... elles le disent partout : à la poste, chez le parfumeur, chez la modiste... Et regardez plutôt le livre du garni où elles descendent; vous verrez bien qu'*artiste* est leur profession.

Elles prennent leur nourriture dans l'établissement où elles sont engagées et ces demoiselles, oubliant leur ancienne domesticité, prennent à l'égard du garçon chargé de les servir un ton d'autorité extraordinaire... cela devient parfois du plus haut comique.

Toutes visent à se faire passer pour des jeunes filles ayant une origine des plus appréciables et les titres de noblesse ne manquent pas sur les programmes des caboulots méridionaux.

Et leurs conversations...

Il faut entendre ça! le soir surtout... dans leur loge... avant l'entrée en scène. Il faut écouter ce qu'elles disent entre elles pendant le *coup du maquillage !*...

Cinq minutes vous suffisent pour comprendre ce que chacun de ces sujets renferme de bêtise, de dépravation, mais aussi de vantardise et de prétention.

Lorsqu'elles sortent de scène après avoir provoqué, durant leur tour de chant, les sifflets de toute une salle, elles ne manquent jamais de s'écrier :

« En voilà un sale public!... Ah! les cochons!... je n'ai jamais vu un public comme ça!... »

Seulement, partout elles en disent autant, car pour changer le public elles auraient besoin de changer d'abord leur horrible interprétation.

Mais qu'est-ce que cela peut leur faire?...

Elles ont une chose qui les occupe plus que le chant :

C'est de faire promptement une connaissance sérieuse dans chaque ville, et il y a beaucoup de ces dames possédant la collection complète.

Me trouvant un jour à Béziers, j'entendis Mlle Irma de Valenciennes disant à Mlle Yvonne de Tropopieu :

(Accent de Mazamet).

« Figure-toi, ma chère, j'arrive de Montpellier, où j'étais partie ce matin, j'ai passé toute la journée avec mon petit homme. Il m'accompagne à la gare pour reprendre le train. Qu'est-ce que j'aperçois dans la cour de la gare?... mon homme de *Cette!*... Heureusement il ne me vit pas... je l'esquive comme je peux et je me dépêche d'embrasser mon homme de *Montpellier*, en lui disant au revoir. J'arrive sur le quai et, comme je prends la portière pour monter dans le train, je sens une main me passant familièrement sur la nuque. Je me retourne et, qu'est-ce que je vois?... mon homme de *Narbonne* qui se disposait à monter dans le même compartiment que moi. Tu penses si je fus saisie!... Enfin, il eut à peine le temps de me dire quelques mots et m'a promis un bracelet pareil au tien. Il doit me le porter la semaine prochaine. Il descendait à *Cette*. Heureusement, ma chère, car, à peine descendu, un monsieur lui disait :

« Pardon, veuillez laisser la portière ouverte!... »

Et le monsieur qui venait de monter n'était autre que mon homme de *Carcassonne*, qui était attendu par sa femme à la gare. Si bien qu'en arrivant ici cela m'a permis de me jeter librement dans les bras de mon homme de *Béziers !*... Crois-tu que c'est drôle, ma chère, cette série d'aventures?... Avec tout ça, j'ai passé la nuit et j'ai lichotté toute la journée, aussi j'ai une voix!... Oh! mais je m'en f... je n'ai pas perdu mon temps, car mon homme de Montpellier m'a donné 200 francs et m'a appris que sa mère était très malade; si j'ai la veine qu'elle vienne à claquer, je me colle avec lui et je lâche le concert.

— C'est à vous à chanter, mademoiselle de Valenciennes, cria le régisseur, dépêchez-vous!... le public s'impatiente. »

Alors, terminant cette jolie petite conversation et s'apprêtant à descendre, Mlle Irma de Valenciennes répondit de sa douce voix :

« Le public... je l'ai quelque part!... s'il gueule, laissez-le gueuler!... »

. . . .

. . . .

Ces grues sont à la carrière artistique ce que le phylloxéra est à la vigne, car, malheureusement, les bonnes gens croient que *c'est ça* qu'on appelle *artiste*.

De sorte que le véritable artiste passant dans certaines villes de France s'y prend à deux fois pour trouver, en certaines circonstances, le courage d'avouer sa profession.

. . . .

Il y a artistes et artistes, comme il y a femmes et femmes. Il y a le faux et le vrai, et rien ne se ressemble autant, en apparence. Elles sont bien trompeuses, les apparences!...

Écoutez plutôt la petite aventure qui m'est arrivée l'été dernier, au mois de juillet.

ALLER ET RETOUR

I

Étant né loin d' la capitale,
Je suis par goût, très matinal;
Aussi dès l'aube je détale
Et tout d'abord j' lis mon journal.
J'ai conservé de mon jeune âge
Cette habitude, j'en suis content :
Se lever tôt me paraît sage,
C'est l' vrai moyen d'être bien portant

II

Venant d' quitter mon domicile,
Près d' la Mad'leine, un beau jour,
Je cheminais d'un pas tranquille
Quand une joli' fille... un amour...
Vint à passer. Je m' dis : « Quell' chance !
Pour des parents d'avoir ainsi
Des enfants remplis de vaillance
A l'atelier s' rendant, aussi. »

III

Pour féliciter son courage,
Je m'approche d'ell', quand soudain
M'entendant parler d' son ouvrage,
V'là qu'ell' m'appelle espèce de daim !
Puis elle ajout' : (c'est à n' pas l' croire)
« S' lever sitôt pour travailler...
Mon vieux, t'as pas r'luqué ma poire !
Tu t'en f'rais fêler l' saladier !... »

. . . .

. . . .

IV

Comme six heures sonnaient à peine,
Tenant à la main mon journal,
Me promenant près d' la Mad'leine,
Admirant l' mouv'ment matinal,
Voyant cett' fillette à l'air sage,
Je croyais qu'elle se rendait,
Bien de bonne heure à son ouvrage
Eh ! bien, non !... Elle en revenait !!!

Les Nouveaux

Il y a, je l'ai dit dans mes premiers chapitres, beaucoup d'artistes nouveaux au café-concert, et, parmi ces nouveaux, il y en a d'excellents. Seulement ils ont un côté prétentieux qui me tracasse.

Ayant à se mettre au concert, il est certain que l'artiste nouveau ne visera pas le bas de l'échelle. Il enviera le sommet et, par conséquent, s'occupera dès le début de produire beaucoup d'effet, sans chercher à se rendre compte de tous les détails ayant permis au créateur d'un genre d'arriver à la perfection. Ils voudraient l'atteindre immédiatement, cette perfection, sans avoir au préalable la peine voulue pour y arriver. Ils veulent être maîtres avant d'être apprentis.

Ah! il y a trente ans..., ceux qui se sont mis au concert avaient véritablement la vocation. La nature les avait réellement fait *artistes* et il était indispensable qu'il en soit ainsi, car, à l'époque... LES PREMIERS... n'avaient personne à pouvoir copier... Tandis qu'aujourd'hui, on prend à l'un, on prend à l'autre ; on copie ceci, cela, on fait un mélange qui peut paraître satisfaisant, et, en définitive, on apprend ça comme on apprend à être menuisier.

Si, parmi *tous ces copistes*, il y en a qui réussissent, gardez-vous bien de leur dire qu'ils ont le jeu d'un tel, ou le genre de tel autre... Ah! ne leur dites jamais cela... vous deviendriez leur ennemi. C'est la plus grande injure que vous puissiez leur faire, et ils vous répondront exaspérés :

« Que venez-vous me dire là? que venez-vous me parler d'artistes que je n'ai pas seulement vu chanter deux fois?... Si ce monsieur a sa nature, moi, j'ai la mienne!... »

Et dire que le copiste qui parle ainsi n'existerait probablement pas sans celui dont il renie les capacités primordiales!

En somme, pour rester logiques, les nouveaux devraient montrer plus de gratitude à l'égard des anciens et ne pas oublier si rapidement que c'est sur eux qu'ils se sont façonnés.

. . . .

. . . .

Dans tout ce que je viens d'écrire, j'ai voulu dire la vérité — je n'ai pas d'autre prétention — car si ce livre s'adresse à mes confrères, il s'adresse surtout au public, au public à qui je dois tout!...

J'ai parlé d'après ma conscience et, n'étant pas écrivain, j'ai essayé de mon mieux de signaler les abus, sans cependant faire de personnalités.

Ma franchise, à l'endroit de certaine étoile, a démontré, je l'espère, toute mon impartialité.

Et je termine en affirmant que, malgré ses travers, j'aime ma corporation, je l'aime surtout parce que je l'ai bien étudiée; j'aurais tort de me montrer sévère à l'égard de camarades qui, tous, sont autant que moi, et dont les travers siègent presque toujours dans la tête et bien rarement dans le cœur.

IX

UN CONSEIL

UN CONSEIL

Ce livre ne doit pas se prêter ! . . . . . .
. . . ???

Parce qu'un livre se prête toujours et ne se rend jamais !...

TABLE

TABLE DES MATIÈRES

Pages

Autrefois-Aujourd'hui 5
Les directeurs de Café-Concert 31
Directeurs artistiques 34
Directeurs commerçants 38
Les Marchands d'eau chaude 40
Les Intermittents 95
Le Doyen 104
La Maison Dusentier 109
Le « Futur » et le « Fluteau » 127
Un déjeuner à Bois-Colombes 141
Vive la campagne ! 193
Économies 219
Question d'appréciation 233

Pages

L'Art.......... 235
Le Théâtre et le Concert.......... 241
Les Chansons de Café-Concert.......... 245
Les Grues du Midi.......... 253
Aller et Retour.......... 263
Les Nouveaux.......... 265
Un Conseil.......... 269

ACHEVÉ D'IMPRIMER

le 28 avril 1894

SUR LES PRESSES DE PAUL SCHMIDT

20, RUE DU DRAGON, 20

PARIS

www.ingramcontent.com/pod-product-compliance
Ingram Content Group UK Ltd.
Pitfield, Milton Keynes, MK11 3LW, UK
UKHW012019240726
13965UKWH00002B/452

9 782013 497305